VENDRE MIEUX POUR VENDRE PLUS

Jean-Claude Robin

VENDRE MIEUX POUR VENDRE PLUS

EDITIONS DE VECCHI S.A.
20, rue de la Trémoille
75008 PARIS

Avant-propos

Aujourd'hui encore, la vente est un refuge pour nombre de jeunes qui ne savent quelle carrière embrasser. Ils n'adoptent pas cette profession par inclination ou par goût mais plus prosaïquement parce qu'ils pensent qu'elle ne requiert aucune compétence particulière et encore moins de formation complémentaire par rapport aux études plus ou moins longues qu'ils ont plus ou moins bien faites. Ils estiment que, pour vendre, il suffit d'avoir à la fois du "culot" et du "baratin" et que, dotés de l'un et l'autre, tout être normalement constitué sur le plan physique peut réaliser de brillantes performances commerciales, c'est-à-dire gagner énormément d'argent.

Le drame – car c'en est un, n'en doutez pas – est qu'il n'y a rien de réaliste dans cette opinion trop couramment répandue et cela pour les trois raisons suivantes:

– **ne peut être vendeur qui veut**. Il faut certaines dispositions naturelles sur lesquelles nous reviendrons mais qui, en tout état de cause, n'ont rien de commun avec le culot et le baratin évoqués plus haut;

– la vente suppose l'acquisition de certaines techniques qualifiées autrefois de vente, de nos jours de communication.

  On ne s'improvise pas vendeur, on le devient à force de travail et d'intelligence;

5

– si le bon vendeur doit avoir de l'appétit pour l'argent, il doit aussi être scrupuleux quant aux moyens mis en œuvre pour l'obtenir. A trop vouloir, à n'importe quel prix, on risque de tuer la poule aux œufs d'or.

Nous allons nous attarder quelque peu sur ces trois points maintenant, notre intention étant de n'y point revenir dans les chapitres suivants.

IL N'Y A PAS DE VENDEUR-NE

On ne naît pas vendeur, on le devient. Aucune fée, jamais, ne dépose dans le berceau des nouveaux-nés le don de la vente comme cela se produit, parfois, pour celui de la musique, du dessin, des mathématiques ou, dussions-nous paraître immodestes, de la littérature. En revanche, cette bonne fée distribue, très généreusement, les aptitudes qui autorisent nombre d'individus à envisager de devenir des vendeurs plus qu'honorables.

Notre ambition n'est pas de tracer le portrait du vendeur, que l'on pourrait considérer comme idéal. Notre propos est plus modestement de préciser les aptitudes nécessaires pour être un vrai vendeur. Nous parlons bien d'aptitudes, qui sont des dispositions naturelles, et non de qualités qui n'ont de réelle signification que dans le contexte sociologique où vivent ceux qui en sont parés (gagner de l'argent est la première des qualités aux Etats-Unis, cela constitue presqu'une tare dans notre prude pays de France).

Il existe, pour nous, deux aptitudes dont l'absence rend impossible l'accession à la carrière commerciale. Que l'une ou l'autre manque à l'appel et, pour l'intéressé, c'en est fait de la vente. Vendeur il le sera peut-être, honnête vendeur à la rigueur, vendeur de haute volée jamais. Cela ne met nullement en cause la valeur intrinsèque de l'individu mais implique seulement que sa réussite pleine et entière au plan personnel passera forcément par un tout autre métier. Mais après tout qui se sent réellement frustré de n'être pas Mozart, Utrillo ou Einstein?

Les deux aptitudes en cause ont pour nom **empathie** et **projection**.

Commençons par en donner une rapide définition avant d'en envisager le mode d'emploi.

Empathie. Mode de connaissance intuitive d'autrui, qui repose sur la capacité de se mettre à la place de l'autre[1].

La chose est donc claire: l'empathie est une disposition innée. On la possède ou non à la naissance. Elle peut s'affiner avec le temps mais non s'acquérir. Mieux vaut en prendre son parti, si on en est dépourvu.

La question reste néanmoins de savoir à quoi peut bien servir l'empathie. Tout simplement, comme le dit la définition ci-dessus, à connaître l'autre, à le deviner, à sentir ses états d'âme, à analyser son comportement et tout cela sans même y penser, par une sorte d'osmose inconsciente; aucune technique dans tout cela, seulement de l'instinct.

Et puisqu'instinct il y a, cela signifie que l'empathie s'exerce à tout moment, dès que l'on est en présence d'un congénère. Tout contact – même téléphonique – déclenche automatiquement le fonctionnement de radars. A toutes les phases de la vente, l'empathie entre en action et permet au vendeur de déceler les attitudes positives ou hostiles, les changements de comportement. Fort de ces renseignements recueillis à l'insu de l'autre, il peut découvrir les piè-

---

[1] Définition du Petit Larousse illustré - Edition 1987.

ges, cerner les objections, débusquer les points d'accord implicites. Empathique, le vendeur est prémuni contre les mauvaises surprises.

Projection. Action de projeter ses concepts sur autrui dans le but de l'influencer, de le convaincre[1].

Là encore le doute n'est pas permis: la projection est une disposition naturelle. On la possède ou non, selon que l'on est introverti – enclin à la méditation, à la réflexion – ou extraverti – tourné vers l'action –. Certes, l'introverti est contraint peu ou prou de se projeter parce qu'il vit en société et qu'il se doit à la fois de communiquer et de faire sa place. Mais il le fait toujours par raison, forcé dans ses retranchements. Son pouvoir de conviction reste, dès lors, toujours limité.

La fonction première du vendeur est de convaincre le prospect ou le client de signer le bon de commande ou le contrat de service. Plus sa capacité projective est importante, plus il parviendra vite et bien à ce résultat. Mais attention il ne s'agit pas de tomber dans le piège de la vente dite "à l'arraché". Etre projectif, pour un vendeur, ne signifie pas proposer n'importe quoi, à n'importe qui, n'importe comment. Il est seulement question, après analyse, de mettre tout son enthousiasme au service d'une proposition honnête, c'est-à-dire adaptée. Il y a là plus qu'une simple nuance: vous serez bien inspiré d'y penser continuellement si vous voulez réussir une fructueuse carrière commerciale.

Il apparaît dès lors nettement que, si l'exercice de l'empathie est inconscient, automatique et permanent, celui de la projection est volontaire et sporadique. Ainsi peut-on dire que, lors d'un entretien de vente, le vendeur ne cesse à au-

---

[1] Définition de l'auteur.

cun instant d'analyser la situation et qu'il ne cherche à user de son influence qu'à des instants bien précis (au moment de l'argumentation et de la conclusion tout particulièrement). A trop ignorer cette règle de conduite, trop de vendeurs perdent trop de clients et se condamnent à une éternelle course en avant pour maintenir leurs résultats à un niveau acceptable pour l'entreprise.

A ce moment de notre discours, il n'est qu'une conclusion possible: si vous n'avez ni empathie, ni projection, renoncez au métier de vendeur. Sinon, au mieux, vous n'en retireriez que de piètres satisfactions et personnelles et financières; au pire vous seriez contraint à terme de faire un constat d'échec et, raisonnablement de renoncer. Dans l'un ou l'autre cas, vous ne pourriez qu'en ressentir un grand sentiment d'amertume, toujours préjudiciable au plan psychologique.

LA VENTE EST AFFAIRE DE TECHNIQUE

Monsieur de la Palice aurait pu affirmer que, si la vente n'est pas une question de don c'est donc une affaire de technique. Et il aurait eu mille fois raison. Etre projectif et empathique est indispensable pour être vendeur.

Maîtriser les techniques de communication constitue la condition *sine qua non* pour **bien** vendre.

La plus grande partie de cet ouvrage est bien évidemment consacrée à cet aspect de la technique propre à la vente. Vous n'avez vraisemblablement que faire de considérations idéologiques concernant cette profession. En achetant ce livre vous recherchez en revanche la confirmation ou l'infirmation à cette question: suis-je capable d'être vendeur? ou à cette autre: suis-je un vendeur compétent et, si non, pourquoi?

9

Le vendeur, seul maître à bord la plupart du temps, est aussi un homme-orchestre. Le cœur de sa fonction est l'entretien de vente (nous nous proposons de traiter en détail, dans un autre ouvrage, ce thème d'importance. Ce qu'il est possible et souhaitable de dire ici est que, pour qu'il soit possible, il est essentiel que cet entretien de vente s'inscrive dans une stratégie globale et soit très soigneusement préparé à l'avance. Rien, jamais, ne s'improvise dans le domaine commercial. Tout doit y être prévu, pensé, organisé. Faute de quoi, le vendeur ne progresse pas... s'il dure.

En d'autres termes, il ne suffit pas d'avoir le profil requis du futur parfait petit vendeur encore faut-il, pour le devenir, acquérir une compétence technique connue et reconnue. Compétence au niveau de la gestion du secteur, compétence au plan de la connaissance des produits et de la clientèle, compétence pour mener un dialogue commercial efficient, compétence pour suivre sa clientèle. Voilà bien des compétences ou plus exactement des niveaux multiples et variés de la compétence, me direz-vous sans doute. Encore une fois, le vendeur est un homme-orchestre qui doit savoir jouer de tous les instruments. Ne vous démoralisez pas: cela s'apprend si vous êtes débutant, ou se perfectionne si vous avez quelques années de pratique mais des résultats qui vous laissent insatisfait.

Et précisément puisque nous en sommes, presque sans le vouloir, parvenus à la grande question de la formation, nous dirons sans ambages que le **bon** vendeur est aussi celui qui est à tout instant prêt à remettre en question son comportement, ses connaissances, ses méthodes de travail. Comme a pu le dire un jour un de nos confrères: la vente c'est 10% d'inspiration et 90% de transpiration; transpiration pour faire face au quotidien mais pour se préparer à l'avenir.

POUR BIEN VENDRE, IL FAUT AVOIR FAIM

Nous ne connaissons pour notre part aucun *bon* vendeur qui n'ait un intense appât du gain. Sans cet appétit pour l'argent, le vendeur ronronne gentiment. Aussi fait-il bien ce qu'il a à faire, mais sans forcer jamais son talent. A quoi bon faire des efforts pour obtenir quelque chose qui n'intéresse pas ou peu.

Si donc vous envisagez une carrière commerciale, commencez par vous poser cette question: ai-je réellement envie de gagner beaucoup d'argent? Si la réponse à la question est négative, optez pour un poste sédentaire à salaire fixe.

Si, déjà ancien vendeur, on vous reproche la modicité de vos résultats, demandez-vous si l'explication ne se situe pas au niveau de votre compte en banque que vous trouvez finalement assez confortable et qui ne vous incite pas à courir toujours plus vite. Mais, attendez-vous à des heurts avec votre hiérarchie un jour ou l'autre.

Chacun sait en effet que la rémunération de la majorité des représentants et autres agents commerciaux est directement liée aux résultats obtenus: chiffre d'affaires du secteur, taux moyen des remises accordées, nombre de nouveaux clients acquis, etc. Cela veut dire qu'en théorie il n'existe pas de limites au salaire du vendeur. Pour gagner toujours plus, il lui suffit de vendre toujours plus, de prospecter toujours plus, de faire le moins de cadeaux possible. Encore faut-il, pour que le système fonctionne, que le vendeur ait réellement faim, que ses besoins matériels augmentent sans cesse et qu'il ait donc envie de plus en plus d'argent.

Cela entraîne les deux conséquences suivantes.

• Au plan de recrutement des vendeurs, on ne peut raisonnablement retenir les candidatures de ceux qui cherchent avant tout un salaire garanti, même modeste;

• Au plan du fonctionnement de l'appareil commercial, on ne peut tolérer longtemps les "fonctionnaires de la vente" sous peine de faillite.

Futurs vendeurs ou ronds-de-cuir, méditez soigneusement ces deux axiomes avant de vous engager ou de vous voir "dégagés". La vente est un métier passionnant mais qui ne souffre pas la médiocrité. Ce n'est pas une tare de n'être pas capable d'être vendeur, c'est une faute grave que d'être vendeur si l'on ne possède ni le profil ni la volonté pour l'être **bien**.

Chapitre 1
Vendre mieux, c'est connaître son produit

Une opinion couramment répandue veut qu'un bon vendeur soit capable de vendre n'importe quoi. Il se trouve dans cette affirmation un peu de vrai mais aussi beaucoup de faux. Il n'est pas douteux qu'il est plus ardu et infiniment plus long d'acquérir le savoir-faire commercial que d'apprendre à connaître un produit; il est clair également que l'une des aptitudes premières d'un vendeur est son adaptabilité qui l'autorise, à l'issue d'un bref recyclage, à changer complètement de registre quant aux produits qu'il est amené à présenter à sa clientèle.

Mais là où le bât blesse, c'est qu'on ne vend jamais un produit en soi mais la satisfaction qu'il apportera face au besoin du client. Comment atteindre ce but si l'on ne connaît parfaitement l'un et l'autre? Comment être assuré de réaliser à tout coup l'adéquation? Poser la question c'est y répondre: le bon vendeur, malgré tout son talent, ne peut proposer que ce qu'il connaît bien. Vendre mieux c'est d'abord connaître son produit sur le bout des doigts.

QUE FAUT-IL CONNAITRE DU PRODUIT?

Une précision s'impose avant d'aller plus loin: par **produit** nous entendons aussi bien objet, appareil ou machine que, contrat ou service. Pensez-y toujours chaque fois que vous lirez le vocable **produit** dans les pages qui suivent, car c'est le seul que nous emploierons pour la commodité de l'exposé.

Ceci étant posé, répondons à la question posée plus haut: que faut-il connaître du produit?

LES CARACTÉRISTIQUES TECHNIQUES

Tout produit est conçu pour un certain usage et pour remplir une certaine fonction. Il présente donc des caractéristiques bien spécifiques. Chaque produit a les siennes dont certaines lui sont propres, bien particulières.

Soyons clair et précis: une caractéristique est un fait c'est-à-dire une réalité concrète donc contrôlable aussi. Son existence peut aisément se vérifier en examinant l'objet sous toutes ses coutures, en démontant l'appareil ou en lisant le contrat ligne par ligne. Aucun subterfuge n'est possible. Les choses sont ou ne sont pas: l'objet est en métal, en matière plastique ou en tout autre matériau. Cela se voit, cela se constate... et ne peut se contester. C'est un **fait** technique, précis, vérifiable.

Pourtant, il ne suffit pas au vendeur de connaître parfaitement les caractéristiques de ses produits. Il lui faut impérativement savoir quelles conséquences elles entraînent, ce qu'elles apportent à l'utilisateur. Comme nous l'avons écrit plus haut, ce dernier n'achète pas un produit mais la satisfaction d'un besoin. S'il ne lui est pas indifférent de savoir que son automobile est dotée d'un système de freinage ABS, il lui est plus précieux d'apprendre que ce dispositif évite le blocage des roues... et le tête-à-queue. Pour l'acheteur, ce n'est pas tant la caractéristique qui importe que l'avantage qu'elle lui procure.

L'un des premiers devoirs du vendeur au plan de la connaissance du produit est donc de répertorier très soigneusement les caractéristiques de chacun de ses produits et d'énoncer, en regard, le ou les avantages qu'elles induisent pour le consommateur. Voici quelques exemples.

● *Pour une automobile*

Boîte 5 vitesses. Le moteur tournant moins vite dès que vous enclenchez la 5ᵉ, vous consommez moins de carburant.

Circuit de freinage en diagonale. Votre véhicule maintient sa trajectoire en cas de freinage brutal.

● *Pour un contrat de crédit*

Assurance perte d'emploi incluse. Vous ne risquez pas d'être contraint à la vente de votre appartement en cas de chômage.

Taux constant. Plus le temps passe, et moins vos remboursements pèsent sur votre budget.

Chaque caractéristique assortie du ou des avantages y correspondant représente un argument, la somme de tous les arguments constituant l'argumentaire. L'argumentaire pour chacun des produits de la gamme peut être, soit fourni par la direction commerciale, soit élaboré en commun par l'équipe de vente à l'occasion de réunions de formation ou de réunions commerciales. De toute façon, votre devoir et plus encore votre intérêt sont de le compléter lorsqu'il vous vient à l'esprit de nouveaux arguments auxquels personne n'avait pensé.

A noter que les arguments dits commerciaux c'est-à-dire ceux touchant au prix, aux promotions, aux conditions

15

particulières de livraison ne peuvent figurer sur l'argumentaire, eu égard à leur caractère ponctuel et momentané. Par définition, les arguments basés sur les caractéristiques techniques demeurent, eux, valables tant qu'aucune modification n'intervient sur le produit.

L'argumentaire, qui dans tous les cas doit être écrit, gagne beaucoup à être présenté de façon attrayante, soigneusement calligraphié, abondamment illustré par des photographies, graphiques, dessins (humoristiques ou non), et accompagné de toutes documentations particulièrement démonstratives. Nous retenons 10% de ce que nous entendons, 20% de ce que nous lisons mais 50% de ce que nous entendons et lisons en même temps. C'est là tout le secret de l'audiovisuel. L'argumentaire illustré présenté au client permet d'obtenir le taux de mémorisation maximum de la part de ce dernier.

Elaboré par d'autres ou mis au point en commun, l'argumentaire ne doit pas rester dans l'attaché-case... ou à la maison. Le vendeur doit l'avoir devant lui dès qu'il se trouve en présence du client. Au même titre que la fiche de ce dernier ou le carnet de bons de commande, l'argumentaire n'est pas seulement la mémoire du vendeur, c'est aussi un instrument de travail. Il ne lui sert pas seulement à se remémorer régulièrement les arguments existant pour chacun des produits de la gamme – notamment les moins couramment vendus – il l'aide aussi à les prouver.

LE MODE D'EMPLOI

On imagine mal un moniteur d'auto-école qui ne saurait pas conduire ou un assureur qui ne serait pas capable de régler un sinistre. Et pourtant, combien voit-on de vendeurs ignorant tout ou presque du fonctionnement des produits qu'ils proposent à leur clientèle. Ils ont d'autant moins d'excuses que les sources d'information sont nombreuses. Nous allons passer en revue les principales.

En premier lieu, il y a tout simplement la documentation et tout particulièrement la notice d'utilisation. Des plus simples aux plus sophistiqués, presque tous les produits sont accompagnés de ce document. Les fabricants ont compris depuis longtemps qu'un produit mal utilisé était aussi un produit condamné. Le consommateur n'est pas un spécialiste, il n'est pas au fait du mode d'emploi du produit qu'il achète. Il faut donc lui expliquer comment s'en servir bien, car s'il le fait mal il mettra en cause la qualité... et passera à la concurrence. Beaucoup de produits étant aussi vendus en libre-service, les notices d'utilisation sont de plus en plus précises, claires et complètes. Elles constituent donc pour le vendeur une excellente source d'information. Encore faut-il les lire...!

Plus complètes encore sont les fiches techniques qui, pour être de diffusion plus restreinte car destinées aux initiés sur le plan technologique, n'en présentent pas moins un intérêt qu'on peut qualifier de capital. Même si elles présentent deux inconvénients importants – se les procurer et les digérer – leur lecture demeure hautement instructive. C'est là encore affaire de volonté de la part du vendeur qui lui fait accepter ou non ce qui dans la pratique constitue, il faut bien le reconnaître, un véritable pensum. Mais il faut savoir ce que l'on veut...

Nous citerons en dernière position les revues et publications diverses qui présentent l'inestimable avantage d'être à la portée du plus grand nombre. Aisées à trouver pour peu qu'on s'en donne la peine – ne serait-ce qu'en s'abonnant – et relativement faciles à lire, elles sont accessibles à tout vendeur un peu soucieux de maîtriser au mieux son sujet.

Deuxième source d'information sur le mode d'emploi des produits: les vendeurs des fabricants eux-mêmes. Nous l'avons dit plus haut: une mauvaise utilisation du produit ternit son image, il est donc dans l'intérêt des fabricants de parer ce risque par l'entremise de leur force de vente. Celle-ci doit être autant préoccupée à noter des commandes qu'à conseiller la clientèle. Que l'on ne nous prétexte pas que cela dépend uniquement de notre propre direction commerciale qui organise ou non des séances d'information menées par les commerciaux de nos fournisseurs. Si nous ne nions évidemment pas qu'il s'agit là de la formule la plus efficace et la plus intelligente, nous prétendons qu'au vendeur bien-né il n'est rien d'impossible et que s'il le veut, il trouvera bien des opportunités de prendre langue avec les vendeurs des fournisseurs, au cas où sa propre entreprise ne lui faciliterait pas ces rencontres.

Le **plus** indéniable de cette formule par rapport à la documentation, c'est qu'elle s'accompagne généralement d'une démonstration, produit en main. Si, comme le disent les Chinois, une image vaut dix mille mots, la démonstration en vaut bien cent mille; surtout si elle est suivie d'essais d'application immédiats par les "élèves". Voir faire puis faire soi-même, il n'est rien de mieux pour apprendre. La bonne vieille méthode du TWI, quelque peu – hélas – tombée en désuétude, était entièrement basée sur ce principe. Elle a permis à des millions d'individus d'apprendre vite et bien à exécuter des tâches même fort complexes.

Troisième source d'information trop souvent négligée au plan du mode d'emploi des produits (comme en bien d'autres au demeurant): les collègues. Une équipe de vente est une somme d'expériences très différentes qualitativement et quantitativement.

Le niveau du savoir est plus important chez les uns que chez les autres. Les premiers ont beaucoup à apprendre des seconds qui sont tout prêts à partager pour peu qu'on les en prie. On est souvent surpris par l'aisance avec laquelle cette osmose se fait, qu'elle soit suscitée par la direction commerciale ou sollicitée par les vendeurs eux-mêmes, à titre personnel. L'expérience prouve que, sur ce plan au moins, on fait rarement appel en vain à la solidarité au sein de l'équipe de vente.

Le jeu normal des entrées et sorties fait que toute équipe de vente est composée à part égale de jeunes et d'anciens. Il est tout à fait exceptionnel que ces derniers refusent de prendre leurs cadets sous leur aile, lorsqu'ils ne le font pas en toute spontanéité, de leur propre chef. Si donc vous êtes nouveau venu, vous auriez grand tort à ne pas demander conseil aux gens en place et, si vous faites partie de ces derniers, pensez que les arrivants ont besoin de votre coopération.

Nous terminerons ce paragraphe en évoquant l'aide précieuse que l'on peut trouver auprès des confrères, aussi bien ceux appartenant aux sociétés amies et clientes qu'à celles de concurrents. Nous n'insisterons pas sur les premières tant il paraît évident que l'intérêt commun commande une entraide des équipes de vente la plus étroite possible et donc des échanges d'information dans tous les domaines. Moins habituelle en revanche est l'autarcie entre vendeurs de Sociétés consœurs. Chacun a tendance à garder jalousement par devers lui ses secrets, au grand dam de la profession. Les seuls bénéficiaires de cette stratégie sont les intermédiaires de tous poils qui jouent de ces antinomies pour extorquer aux uns et aux autres des avantages toujours plus importants. Bien des marchés ont été ainsi gâchés, faute d'une entente cordiale. Le commerce bien conçu n'est pas la guerre. Que chaque vendeur défende pied à pied son produit est chose naturelle, qu'il méprise ses confrères lorsqu'il les rencontre dans la rue ou au restaurant en est une autre. On peut être concurrents sans être pour autant ennemis.

La mise en œuvre

La différence entre mode d'emploi et mise en œuvre d'un produit peut vous sembler être une subtilité d'auteur. Il n'en est rien. Ce sont là deux notions extrêmement distinctes. Savoir sur quel bouton appuyer pour mettre en marche le lave-linge est du domaine du mode d'emploi. Procéder aux raccordements – électricité, eau, évacuation – fait partie du champ de la mise en œuvre.

On peut se dire qu'après tout, cette dernière est du ressort exclusif du technicien du service après-vente et ne concerne en rien le vendeur. Chacun son métier, les oies seront bien gardées, comme le dit si savoureusement le langage populaire. Mais c'est voir les choses par le petit bout de la lorgnette, c'est aussi minimiser la fonction du vendeur qui doit être pleinement efficient.

L'impact d'un produit auprès du futur acheteur est d'autant plus fort que celui-ci reconnaît dans le vendeur un homme parfaitement au fait des produits qu'il propose c'est-à-dire convaincu qu'ils sont parfaitement adaptés aux conditions dans lesquelles ils seront utilisés. Même si le client est conscient que le vendeur n'est pas forcément un technicien à part entière, il ne peut s'empêcher de lui poser deux sortes de questions:

"Comme cela fonctionne-t-il?";
"Comment cela s'installe-t-il?".

Pour être totalement crédible, le commercial doit répondre à ces deux légitimes interrogations.

20

Pensez également que le vendeur peut être amené dans certains cas, bien sûr exceptionnels, à suppléer son collègue du service après-vente.

Peut-être pas pour réaliser une installation complète, mais au moins pour pallier quelque anomalie survenue durant cette dernière ou pour procéder à certains réglages, à certains affinements au plan du fonctionnement.

Nous n'insisterons pas outre mesure sur ce point de la mise en œuvre tant il est vrai qu'il s'agit là d'un aspect marginal de la fonction du vendeur, mais que ce dernier ne doit en aucun cas négliger. Il s'agit d'une affaire de déontologie tant vis-à-vis du client lui-même, que des collègues du S.A.V.

LES CONDITIONS DU SERVICE APRÈS-VENTE

Là encore vous êtes en droit de considérer qu'il s'agit d'une subtilité de langage et qu'il n'existe aucune différence entre mise en œuvre et service après-vente. Bien entendu, il n'en est rien. Il existe autant de dissemblance entre l'une et l'autre qu'entre la préparation et la réparation automobiles. Préparer une voiture c'est s'assurer qu'elle est en état de prendre la route, la réparer c'est pallier les pannes dont elle a été victime. Il s'agit en quelque sorte de ce que les informaticiens nomment hardware et software.

Plus encore que la mise en œuvre le S.A.V., défini en termes de dépannage, est l'affaire de techniciens spécialisés. Réparer une machine, régler un sinistre automobile, assurer le recouvrement de créances sur un contrat de crédit requiert des connaissances spécifiques et complètes et une grande pratique, toutes choses dont le vendeur n'est pas obligatoirement doté.

Il n'empêche que celui-ci, à défaut d'être capable de suppléer totalement le technicien, doit être en mesure de procéder à de menus dépannages. Il est dommage de faire déplacer un collaborateur du S.A.V. pour changer un fusible défectueux ou un fil électrique dénudé. Tout vendeur digne de ce nom doit pouvoir détecter ces petites anomalies et y porter personnellement remède.

Mais surtout, ce même vendeur doit être une véritable encyclopédie des conditions de garantie. Il doit les connaître jusqu'au moindre détail. C'est humain: tout acheteur d'un matériel essaie toujours de faire prendre en charge, par le fabricant ou le revendeur, les réparations rendues nécessaires par une panne, même et parfois surtout si cette dernière est le fait d'une mauvaise utilisation.

Le vendeur doit donc savoir:
- cerner les responsabilités de façon formelle pour ne pas accepter, au nom de son entreprise, des frais ne lui incombant pas non plus que débouter le client s'il s'avère que le produit est bien en cause;
- comment s'exercent les conditions de garantie – par exemple dépannage sur place ou retour en atelier – ou sur quelle base tarifaire si la garantie est éteinte;
- dans quelles limites il peut accepter la prise en charge des frais d'une réparation sur un produit hors garantie.

POURQUOI BIEN CONNAITRE SON PRODUIT?

Sous son apparente naïveté, cette question est d'une importance capitale. D'abord parce que nombre de vendeurs négligent cet aspect essentiel de leur fonction, la quête des caractéristiques étant souvent longue, ardue dans bien des cas, fastidieuse toujours. Aussi beaucoup y renoncent-ils, se disant qu'après tout ils pourront toujours s'en tirer élégamment avec une pirouette.

Plus pardonnable est l'excuse invoquée par certains quant au temps investi pour cette recherche, celle-ci l'étant forcément au détriment de l'acte de vente proprement dit. Certes ce dernier doit, dans la mesure du possible, prendre le pas sur toute autre activité. Il ne vient à l'esprit d'aucun ouvrier d'omettre de préparer ses outils avant d'attaquer un travail. Pourquoi en irait-il autrement du vendeur?

CONNAÎTRE SES PRODUITS, C'EST MIEUX CONVAINCRE

Il existe peu de produits uniques en leur genre sur le marché. Toute réelle nouveauté est très vite copiée. On pourrait citer des centaines d'exemples de ce phénomène, du briquet à jeter aux automobiles en passant par les rasoirs à main, les appareils électroménagers, les appareils photos, la HI-FI.

Tous ces produits similaires ont, bien entendu, des caractéristiques communes puisqu'ils sont destinés au même usage. Mais ils en ont généralement d'autres, même mineures, qui leur sont propres. Ainsi, un certain briquet à jeter ne se différenciait-il des autres que par son poussoir rouge. Détail certes dont, pour notre part, nous n'avons jamais compris l'intérêt réel, mais qui a fait l'objet d'une énorme campagne de publicité et a sans aucun doute aidé considérablement le fabricant à conquérir une importante part du marché.

Le rôle du vendeur, ainsi d'ailleurs que son intérêt bien conçu, est de faire ressortir les points communs autant que les spécifiques. Il prouve ainsi que son produit apporte autant que les autres mais qu'en outre, il a quelque chose de plus ou de différent. Quitte pour lui à mettre en exergue ce que ce **plus** a d'intéressant pour le futur utilisateur.

Rappelons que tout ceci est contenu dans l'argumentaire

dont il a été suffisamment question plus haut. Nous insisterons néanmoins ici sur la façon d'utiliser cet outil.

Lorsqu'un mécanicien automobile se déplace pour un dépannage, il emporte une caisse à outils complète. Il ne peut savoir à l'avance de quelles clés, quels tournevis, quels accessoires divers il aura besoin. Tout oubli l'empêchera de procéder à la réparation, en tous cas dans de bonnes conditions, voire l'obligera à faire un aller-retour jusqu'à son atelier. Autant de temps perdu.

Dans la caisse à outils du vendeur il y a, notamment, ses arguments. Il est clair qu'il n'aura jamais besoin de tous chaque fois. Comme nous le verrons par la suite chaque client est plus sensible à certains arguments qu'à d'autres en fonction de sa personnalité donc de ses motivations. A chacun son argumentation, tel est l'un des secrets pour vendre mieux. Il est déraisonnable d'envisager de réciter la même leçon à tout le monde. S'il en était ainsi, on pourrait avantageusement – sur le plan financier s'entend – remplacer les vendeurs par des cassettes que l'on enverrait aux clients. Si ceux-là sont toujours préférés à ce moyen pourtant très moderne d'information, c'est en raison de leur adaptabilité.

Il leur reste toutefois à prouver qu'en toutes circonstances, ils sont capables de faire cet ajustement avec finesse et précision et pour cela, il leur appartient d'abord de maîtriser leur faculté à convaincre en employant, à coup sûr, l'argument qui porte. L'argumentaire écrit se trouve, avons-nous dit plus haut, toujours dans la main du vendeur mais, les arguments qu'il contient doivent être dans sa tête... et dans son discours.

La tentation des anciens vendeurs, chez les clients qu'ils visitent depuis longtemps, est de pratiquer constamment la banalité. Ils sont persuadés, à tort bien entendu, qu'à partir d'un certain moment il devient inutile d'argumenter, pensant que les acheteurs connaissent les produits par cœur ou craignant d'avoir l'air de radoter. Par excès de confiance ou par scrupule, ces vendeurs font des visites de pure politesse, dont le thème est trop souvent celui de considérations oiseuses sur la météo ou la conjoncture – toujours mauvaise évidemment –.

Maintenir la pression en permanence, rappeler constamment pourquoi ce produit-ci est le mieux adapté au cas particulier du client, tel est le rôle du bon vendeur, c'est-à-dire de celui qui, croyant à ses produits et le prouvant, vend mieux pour vendre plus.

CONNAÎTRE MIEUX SES PRODUITS, C'EST PRÉVENIR

La sagesse populaire veut qu'il vaut toujours mieux prévenir que guérir. C'est on ne peut plus vrai en ce qui concerne la vente, comme nous allons tenter de le démontrer maintenant.

PRÉVENIR LES OBJECTIONS

Aussi convaincu et convaincant que soit le vendeur, il se produit quasiment toujours un moment où le client freine des quatre fers, avance de bonnes raisons pour ne pas adopter le produit qu'on lui propose, prétexte qu'il n'en a nul besoin, ou encore qu'il ne correspond pas à ses propres nécessités. On dit couramment qu'il fait des objections. L'objection est classiquement définie comme un réflexe de défense visant à éviter de donner son accord pour l'achat ou, au moins, à en retarder le moment le plus longtemps possible. Réflexe on ne peut plus légitime, chacun craignant de ne pas en avoir pour son argent, d'être déçu et de faire, en somme, un marché de dupe. On cherche donc les défauts du produit, ses faiblesses ou tout simplement les aspects qui semblent le rendre inadapté à notre cas particulier.

Non moins classiquement, on distingue deux sortes d'objections: les objections prétextes, autrement nommées fausses-barbes et les objections vraies. Les premières sont évidemment le fait de clients de mauvaise foi qui avancent n'importe quelles excuses pour ne pas "signer"; en voici quelques-unes très souvent entendues:

– *"je n'ai besoin de rien"*;
– *"j'ai déjà mes fournisseurs"*;
– *"votre confrère est venu – pour rien d'ailleurs – avant-hier"*;
– *"j'ai déjà utilisé, sans succès, un produit équivalent"*;
– *"tous les produits se ressemblent, le vôtre n'est pas différent des autres"*.

Ce sont bien là des prétextes car, dans la plupart des cas, on pourrait rétorquer:

– *"on a toujours besoin de quelque chose, surtout d'un produit réellement compétitif"*;
– *"tous vos fournisseurs ne vous donnent pas forcément satisfaction et ne satisfont pas forcément tous vos besoins"*;
– *"mon confrère n'avait peut-être pas le produit répondant à vos besoins"*.

Au plan des produits, il existe en fait peu d'objections prétextes. L'objection est en quelque sorte le négatif de l'argument, utilisé pour faire une comparaison avec la photographie. Or, si le produit est digne d'exister, donc si ses caractéristiques sont bien réelles et par conséquent les arguments valables, on voit mal quelles objections **fondées** le client pourrait bien trouver. De toute façon comme il s'agit de subterfuges pour échapper au dialogue, mieux vaut les ignorer... poliment.

Il en va différemment des objections vraies car, même si elles ne sont pas fondées, elles ont le mérite d'être sincères. Comme telles, le vendeur ne peut les écarter d'un geste négligent sous peine de froisser profondément son interlocuteur. Mais, qu'on ne s'y trompe pas: écouter attentivement n'est pas approuver béatement. La contre-attaque doit suivre l'offensive dans la foulée.

A l'évidence, répondre aux objections relatives au produit lui-même suppose que l'on connaisse celui-ci comme si on l'avait conçu soi-même. Les arguments servent au vendeur à prouver que son produit est aussi bon que les autres si ce n'est meilleur et s'utilisent aussi bien pour démontrer la force de son offre que la faiblesse du barrage qui lui est faite par le client.

Connaître ses produits c'est donc être en position de contrer les objections mais, c'est encore les prévenir. Si l'on a su être suffisamment percutant, concret donc crédible, on n'engendrera pas de réactions négatives de la part du client et les objections seront, dès lors, peu nombreuses, de bonne foi... et prévisibles car inhérentes aux inévitables faiblesses du produit que le vendeur n'a pas le droit d'ignorer.

PRÉVENIR LES ERREURS DE MANIPULATION

Mieux on connaît son produit, nous l'avons vu plus haut, mieux on est en mesure de donner les conseils éclairés quant au mode d'utilisation et de la mise en œuvre. Sa compétence se trouvant ainsi pleinement reconnue, le vendeur en sort tout grandi aux yeux de son client, ce dernier aura tout naturellement tendance à faire appel à lui pour ses prochains achats. C'est ainsi que se construisent les renommées de certains magasins. C'est ainsi que certains représentants s'attachent la fidélité quasi-indéfectible de leur clientèle qui ne jure plus que par eux.

Plus loin encore, la prévention des erreurs de manipulation évite les conflits postérieurs à la mise en œuvre. Aucun client honnête et sincère ne reprochera à son vendeur une défaillance d'un matériel qu'il aura utilisé sans respecter les consignes qui lui avaient été énoncées et répétées. Force lui sera d'admettre sa propre erreur, même s'il doit en assumer financièrement les conséquences. Et comme l'honnêteté est parfois récompensée, le vendeur pourra peut-être, à titre exceptionnel, faire assurer par sa société la réparation des dégâts, pour une partie ou en totalité, à condition que sa direction commerciale soit convaincue de sa compétence au plan des connaissances quant au mode d'emploi des produits et de la mise en œuvre. On ne croit et on n'aide que les gens sérieux.

PRÉVENIR LES ERREURS DE MISE EN ŒUVRE

Dans bien des cas, l'installation du matériel est réalisée par l'utilisateur lui-même. C'est notamment le cas de tous les achats réalisés dans de grandes surfaces où les frais de mise en œuvre sont facturés en sus. Ayant réalisé de substantielles économies au niveau du prix d'achat, le client préfère souvent ne pas en annuler les effets en faisant mettre en place son matériel par un professionnel. Il va donc s'en charger lui-même.

Cela ne signifie pas pour autant qu'il soit pleinement compétent pour le faire. Même s'il est quelque peu bricoleur, il a besoin de conseils éclairés pour éviter de compromettre gravement l'intégrité de son appareil avant même que celui-ci ait commencé à remplir son office. Le rôle du vendeur, en l'occurrence est de faire une véritable formation de son acheteur. Il doit se conduire comme une sorte de moniteur technique.

Pour parvenir à ce but avec le maximum de chances de succès, le vendeur peut s'inspirer des règles fondamentales du très poussiéreux mais, à notre avis, toujours efficient **art d'instruire**.

Nous les rappelons dans le texte qui suit, sans autre commentaire, mais, en les épurant malgré tout quelque peu et surtout en les adaptant au cas particulier du conseil après-vente.

Première règle: s'enquérir des connaissances techniques du client

● Lui demander s'il a déjà procédé à l'installation d'un produit similaire.

● Lui poser quelques questions pour jauger sa compétence par rapport à la technologie inhérente à l'installation d'un tel produit.

● Cerner ce qu'il connaît de ce produit et de ses concurrents.

Seconde règle: expliquer clairement et complètement comment procéder à l'installation du matériel

● Premier temps: mettre en évidence les phases importantes, c'est-à-dire les étapes à respecter scrupuleusement pour obtenir un avancement harmonieux du travail.

● Deuxième temps: faire ressortir les points clés qui conditionnent la qualité des opérations ou la sécurité.

● Reprendre les explications autant de fois qu'il semble nécessaire.

Troisième règle: contrôler le degré de compréhension de nos explications

● Soit en faisant procéder à des simulations, soit en demandant au client de reformuler notre discours.

● Rectifier les erreurs commises au fur et à mesure que notre "élève" fait ou explique.

Quatrième règle: livrer le client à lui-même

● Lui remettre le produit et éventuellement, les accessoires l'accompagnant.

● Lui indiquer où il peut se procurer les outils et matériaux indispensables pour pouvoir procéder à l'installation.

● Lui dire où et à qui s'adresser en cas de difficulté.

Il est clair que, pour réaliser pareille démonstration verbale, il faut que le vendeur lui-même soit parfaitement compétent. Encore une fois cela ne signifie pas qu'il doit être un technicien hors pair mais, au moins, un théoricien sans faille. C'est à n'en pas douter sur ce plan que la coopération avec les collègues – en l'espèce ceux du S.A.V. – prend une acuité toute particulière.

Chapitre 2
Vendre mieux, c'est connaître sa clientèle

A l'évidence cette affirmation peut être envisagée sous deux angles:
– connaissance globale de la clientèle du secteur;
– connaissance approfondie de chaque client en particulier.

Dans le premier cas, il s'agit d'une approche quantitative, statistique pourrait-on dire alors que, dans le second cas, la démarche est franchement qualitative, résolument psychologique. L'objectif, la méthodologie et les aptitudes mises en œuvre par le vendeur étant très sensiblement différentes de l'une à l'autre, nous les envisagerons donc séparément.

CONNAISSANCE DE LA CLIENTELE DE SECTEUR

La clientèle d'un secteur de vente est rarement un ensemble homogène de clients stéréotypés, tous strictement identiques, coulés dans le même moule. Comme une mosaïque faite de carreaux dissemblables en tailles et couleurs, la clientèle d'un secteur est constituée de clients ou prospects d'importance inégale, de vocations très diversifiées, de statuts juridiques différents.

Les clients acquis ou potentiels se distinguent d'abord par leur profil socio-économique. Sauf à proposer des produits extrêmement spécifiques – verres optiques ou médicaments inscrits au tableau A – la plupart des représentants sont amenés à visiter des acheteurs exerçant leur activité dans des domaines souvent très éloignés les uns des autres. Le délégué médical ne peut rencontrer que les médecins et dans certaines circonstances les pharmaciens, si sa gamme comporte exclusivement des produits "prescrits". La loi interdit de les vendre ailleurs que dans le circuit pharmaceutique. Par contre, le vendeur de piles électriques peut et doit proposer ses produits dans pratiquement tous les circuits de distribution: ceux des spécialistes – en électricité ou électroménager, photographes – mais aussi ceux des généralistes – magasins de bricolage, d'accessoires automobiles, de jouets – sans oublier bien entendu le circuit alimentaire et son cinquième rayon.

Comme nous le verrons dans le chapitre consacré à l'organisation du secteur, cette diversité au plan de la clientèle entraîne, pour le représentant, une réflexion très approfondie quant aux débouchés peu classiques pour les produits de sa gamme. Il doit en effet se demander qui, dans son secteur et en dehors de la cible logique, peut avoir besoin de tout ou partie de celle-ci. La tentation est souvent, et humainement, forte de ne voir que la clientèle qualifiée de traditionnelle: débits de tabacs pour les briquets, papetiers pour les stylos, magasins de bricolage pour les outils, etc. Or chacun de nous sait, pour le constater quotidiennement, que, dans le commerce, la spécialisation totale s'estompe un peu plus chaque jour et que, de plus en plus, tout le monde a tendance à vendre tout et n'importe quoi.

Cela signifie en clair que quels que soient les produits que vous commercialisez – sauf cas extrêmes évoqués en tête du présent paragraphe – il n'est pas de limites de clientèle pour le vendeur créatif. Il lui suffit d'observer, de réfléchir... et de proposer. Autrement dit le vendeur avisé va commencer par faire un bilan, au niveau de son secteur, de tous les endroits où ses produits ne figurent pas mais le pourraient, pour le plus grand profit des deux parties intéressées. Il lui faut autant d'imagination que d'objectivité: il ne s'agit pas, sous prétexte d'étendre au maximum le champ de notre clientèle, d'aller proposer n'importe quoi à n'importe qui. La vente est une affaire sérieuse qu'il convient donc de ne pas prendre à la légère, en improvisant constamment par exemple. La réflexion, quant aux débouchés nouveaux, fait partie du sérieux du vendeur, et lui évite bien des faux-pas.

Celle-ci ayant été très sérieusement faite, le reste n'est plus qu'un problème de compilation: consultation des annuaires – P et T et professionnels – des listes des Chambres de commerce et des Chambres des métiers, des services économiques des préfectures et des mairies, etc. Les sources d'information sont nombreuses bien que d'une fiabilité parfois contestable. Aucune piste ne peut néanmoins être négligée. Les recherches peuvent être longues et fastidieuses mais, quelle moisson au bout du chemin!

Notons que le listing qui résulte de tout ceci ne sert pas seulement à l'organisation des tournées mais aussi à l'élaboration de stratégies différentielles. Il est clair qu'on ne peut aborder un utilisateur habitué à nos produits comme on le fera d'un distributeur pour qui ils restent très marginaux, voir complètement inusités. Le premier nous attend (nous ou nos confrères), le second risque, dans un premier temps, de nous fermer la porte dès les premiers mots. La façon de nous présenter et surtout de présenter notre produit sera forcément bien différente dans l'un ou l'autre cas de figure. Encore une fois, rien ne se fait à l'inspiration dans le domaine de la vente.

Il est un autre point qui différencie très nettement nos clients ou prospects sur le plan socio-économique: leur statut juridique. Les impératifs de l'artisan ne sont pas ceux de la PME, non plus que ceux de la grande entreprise et, de ce fait, l'attitude de nos interlocuteurs varie très sensiblement. L'artisan n'est responsable de ses erreurs de gestion que vis-à-vis de lui-même, c'est lui qui les assume sur ses propres deniers. Il en va généralement de même du patron de la PME avec, en outre, fait aggravant, un engagement moral vis à vis de ses employés car s'il se trompe, il risque de les priver de leur emploi. L'acheteur de la grande entreprise risque – seulement, si nous pouvons nous exprimer ainsi – le licenciement lorsque ses décisions entraînent des pertes financières sensibles pour sa société.

L'œil que jetteront les uns et les autres sur notre proposition n'aura pas la même acuité. L'artisan s'attachera à tous les aspects, sans exception, de notre offre: le produit lui-même c'est-à-dire ses caractéristiques, mais aussi le mode d'emploi, les modalités de mise en œuvre, la S.A.V., sans oublier les conditions financières et le mode de livraison. Au contraire, le responsable des achats de la grande entreprise s'attachera essentiellement aux prix et aux remises, quitte à demander au vendeur de rencontrer tel ou tel de ses collègues – du magasin, de l'atelier ou du S.A.V. – avant de signer le bon de commande.

Il ne viendrait à l'idée de personne que la tactique du vendeur autant que son discours puissent être les mêmes selon qu'il se trouve en présence d'un indépendant ou d'un salarié. La façon de présenter le produit sera très technique et plus complète avec le premier, très "commerciale" et forcément plus épurée avec le second. Le vendeur utilisera essentiellement l'argumentaire avec l'un et le tarif avec l'autre. Les stratégies seront forcément diversifiées selon les différents statuts juridiques de nos interlocuteurs.

Mais là encore, l'improvisation est mauvaise conseillère. Le vendeur qui veut vendre mieux élabore à l'avance des scénarios en fonction des différents cas qu'il risque de rencontrer, sachant qu'il s'agit là d'une sorte de garde-fou évitant, notamment, les erreurs grossières lors de la prise de contact. Le scénario n'est pas un carcan rigide dont le vendeur ne peut s'écarter, c'est une ligne de conduite qui autorise des écarts à droite ou à gauche; l'essentiel étant qu'elle existe comme les lignes pointillées sur les routes: on les laisse normalement à sa gauche mais on sait pouvoir les franchir en cas de besoin.

Il existe bien entendu une autre différence très importante entre les divers clients ou prospects d'un même secteur de vente: le potentiel. Quand nous parlons de potentiel, nous parlons des possibilités réelles et non des achats faits actuellement à notre Société, achats qui peuvent représenter une partie négligeable de ce qui est commandé au total. Ce dont il est question ici, c'est ce que nous pourrions fournir, à court, moyen et même long terme. Il existe entre ces deux notions une différence fondamentale que, malheureusement, trop de vendeurs ignorent ou veulent ignorer: il est tellement plus confortable d'affirmer à leur chef de vente que le client ne peut commander plus, que d'avouer qu'on n'a pas trouvé le moyen d'augmenter sa part de marché chez lui.

Là encore, on devra adopter des stratégies différenciées selon qu'on se trouve face à un acheteur au potentiel quasi illimité ou à un client aux possibilités très modérées. Il s'agira, dans le premier cas, de faire un véritable forcing et de ne jamais lâcher prise alors même qu'on pourra, dans le second cas, aller jusqu'à se demander si l'on doit conserver ce client en portefeuille. Nous reviendrons très longuement sur ce point lorsque nous aborderons les questions d'organisation du secteur de vente.

Il est clair également que le plus gros travail consiste à cerner le potentiel réel de chaque client. Aucun d'eux n'avouera spontanément "combien il pèse". Tout au contraire, cherchera-t-il à minimiser ses possibilités, tout aveu sur ce plan représentant, c'est l'évidence, une porte ouverte pour le vendeur avisé. Il existe nombre de "trucs" pour évaluer le potentiel mais, tous sont spécifiques à une branche professionnelle donnée. Ils n'ont rien de scientifique et sont seulement la résultante de l'expérience. L'observation attentive permet de faire apparaître un rapport constant entre tel ou tel élément et le chiffre d'affaires réalisé actuellement. Ainsi, les représentants en visserie, chez les quincailliers traditionnels, déterminent ce dernier en comptant le nombre de vendeurs, sachant que chacun d'eux est porteur de X francs de recettes par mois ou par an. De la même manière, les consultants évaluent-ils le budget formation de l'entreprise qu'ils démarchent, au seul vu du nombre de salariés.

Il reste cependant à supputer l'évolution de ce potentiel. Pour ce faire, il faut connaître les projets de développement à court et moyen terme et les prospectives à long terme ayant une fiabilité toute relative. L'enquête permanente, le recoupement des informations recueillies de droite et de gauche permettent souvent de se faire une idée un peu plus précise de cette évolution, qualitativement et quantitativement, sans omettre les confidences faites par le client lui-même lorsque les relations sont à la fois suffisamment anciennes et empreintes de confiance. Nombre d'interlocuteurs conçoivent que nous ne sommes pas des loups affamés prêts à fondre sur une proie qui s'est maladroitement découverte, mais qu'une collaboration franche peut apporter beaucoup aux deux parties, sur tous les plans. La relation commerciale peut se concevoir en termes de troc, c'est-à-dire s'envisager sous l'angle d'échanges divers et non pas seulement d'argent: échanges d'informations, échanges au plan de la formation réciproque, échange d'expériences, etc. Nous développerons cette façon de pratiquer le commerce dans un autre ouvrage tant il nous semble que c'est la solution pour que la vente directe de demain ne disparaisse pas à moyen terme; ce qui n'est l'intérêt de personne, à commencer par le consommateur.

CONNAISSANCE DU CLIENT

Un client n'est pas une entité monolithique, taillée dans une matière spéciale. Aucun client, et c'est heureux, ne ressemble à un autre, ne serait-ce que du fait de sa nature d'être humain. Il convient en fait, lorsqu'on envisage la connaissance individuelle du client, de distinguer l'Homme et le Commerçant, sa personnalité et son statut, ses motivations personnelles et ses nécessités professionnelles.

CONNAISSANCE DE L'HOMME

N'ayez aucune crainte, nous n'allons pas vous infliger un cours de psychologie, même élémentaire; nous pensons modestement ne pas en avoir la compétence et surtout ce n'est pas notre propos. Nous souhaitons plus prosaïquement vous sensibiliser ou vous rappeler l'importance de bien connaître l'individu à qui l'on s'adresse, pour mieux adapter son propre comportement et son discours au cas toujours forcément particulier de l'autre.

Deux plombiers alors qu'ils exercent leur activité dans deux villes comparables, s'adressant à une clientèle similaire, possèdent une égale expérience et ont un potentiel égal, ne réagiront pas de façon stéréotypée à nos propositions. Le vendeur ne pourra donc utiliser les mêmes arguments avec l'un et avec l'autre, pour ne citer que ce seul aspect de l'entretien de vente car, l'un sera sensible à la fiabilité du produit, l'autre à son "design". Leur besoin fondamental est pourtant le même – acquérir un produit pour l'installer chez un utilisateur – leur manière de le satisfaire peut en revanche être aussi différente que leurs motivations. Attardons-nous un instant sur cette notion essentielle du comportement humain.

La motivation est la force mentale intérieure qui pousse l'individu à agir. Nous vous ferons grâce du processus qui crée cette force, si ce n'est pour dire qu'elle est toujours sous-tendue par un besoin:

– *j'ai passé la nuit dans le train, je suis fatigué et éprouve donc le besoin de dormir. Si rien ne m'en empêche, je vais donc me coucher;*
– *je suis libre-penseur et n'éprouve aucunement le besoin d'entendre la parole de Dieu. Je n'ouvre donc pas ma porte aux Témoins de Jehovah.*

Transposons sans tarder tout cela au plan commercial. Lorsqu'un vendeur se présente chez un client, celui-ci a ou n'a pas l'utilité de son produit, il en possède ou non un stock, il le commande ou non déjà ailleurs. En d'autres termes, ce client a ou non un besoin réel (sous-entendu par rapport à notre proposition) et il serait illusoire de penser que le vendeur, même le plus compétent, sera en mesure de créer ce dernier; il existe ou n'est pas, on ne peut sortir de là. Notons au passage que le vendeur en magasin n'a jamais ce problème car, si le futur acheteur vient à lui, c'est qu'il a effectivement besoin de quelque chose.

Or, si besoin il y a, la motivation, l'envie consciente ou non existe aussi. Il suffit au vendeur, si nous pouvons utiliser cet euphémisme, de détecter l'un pour pouvoir jouer sur l'autre. Mais, comme en musique, il est diverses façons de jouer: académiquement mais sans chaleur, ou avec une technique moins pure mais une sensibilité perceptible à l'oreille la moins avertie. Louis Amstrong, dont tout le monde reconnaît l'immense talent, faisait des couacs impressionnants et pourtant, toute l'âme du jazz transitait par sa trompette. Qui n'a pas senti des frissons lui passer dans le dos à l'écoute de certains morceaux interprétés par le grand Louis... en grinçant légèrement des dents lors de l'envol des "canards"?

Le vendeur, comme le musicien, doit s'attacher plus au fond qu'à la forme, plus au cœur qu'à la raison. Nombre de commerciaux n'ont pas le verbe facile, pouvant même aller jusqu'au défaut de prononciation. Edgard Faure zézayait de manière épouvantable, il a pourtant fait une belle carrière. C'est qu'il avait en compensation beaucoup à dire. Nous connaissons tous des représentants qui s'expriment avec quelques difficultés, mais qui savent, au fond, bien nous dire ce que nous attendons d'eux.

Voilà le maître-mot lâché: nous attendons qu'on nous dise ce que, consciemment ou inconsciemment, nous pensons tout bas. Tel produit nous a séduit, nous espérons qu'on nous dira: "vous avez fait le bon choix". Ou si tel n'est pas objectivement le cas, il faut nous prouver pourquoi notre première impression n'est pas la bonne. Notre droit d'acheteur c'est de chercher à satisfaire notre besoin en choisissant un produit, spontanément, le devoir du vendeur est de confirmer ou d'infirmer ce choix en justifiant sa prise de position par rapport au besoin réel.

Mais, justifier c'est bien si cela est fait judicieusement. Pour cela, il faut présenter des arguments en accord avec les mobiles d'achat de notre client et nous allons faire appel en l'occurrence au très ancien mais toujours jeune

SONCAS de Bernard Julhiet. De quoi s'agit-il? Quelle est cette mystérieuse formule?

Dans les faits, on s'aperçoit que Monsieur Tout Le Monde achète toujours, poussé par l'une des six raisons suivantes:

- la sympathie: on peut acquérir un produit parce qu'on le trouve charmant, original ou parce que nos meilleurs amis ont le même... ou parce que le vendeur est très serviable et attentionné;
- l'orgueil: si mon voisin a acheté un salon de jardin et barbecue, je ne vois pas pourquoi je n'en ferais pas autant;
- la nouveauté: "C'est nouveau, cela vient de sortir", imagerie d'Epinal passée dans le domaine public qui reflète bien l'état d'esprit de nombre de nos concitoyens (bien aidés en cela par les fabricants... et leurs agences de publicité) et pour beaucoup, tout ce qui est nouveau est beau et doit être acquis sans retard;
- le confort: la plupart des automobiles existent en plusieurs versions. Qui aime une suspension souple, des sièges bien courbés, un moteur le plus silencieux possible, en un mot le confort sur la route, n'accordera même pas un regard aux breaks ou coupés exposés chez le concessionnaire;
- l'avidité (l'argent): dans le même registre que ci-dessus, "l'avide" demandera une remise substantielle ou une reprise au-dessus du cours de son véhicule actuel; il préférera le moteur diesel plus économique et s'inquiétera de la fréquence des révisions;
- la sécurité: l'assurance perte d'emploi a sans aucun doute conforté de nombreux candidats à l'achat immobilier jusque-là hésitants du fait de la mouvance et de la précarité au plan du marché du travail, de même, un grand distributeur d'électroménager a pu ainsi baser ses campagnes de publicité sur la qualité de son service après-

vente et ce, pendant plusieurs années, avec quelques succès semble-t-il.

Pour peu que l'on se donne la peine d'observer les choses de près, on s'aperçoit très vite que chacun de nous agit et donc achète, en fonction de l'une ou au grand maximum de deux de ces six raisons fondamentales. Tel est sensible au côté "sympa" du produit, tel autre à sa facilité d'emploi, tel encore à son caractère insolite; c'est cependant toujours le même produit, destiné au même usage mais présenté, dans chaque cas, de façon à répondre à un mobile d'achat particulier. Le vendeur n'est pas un catalogue mais, bien au contraire, un être intelligent qui adapte continuellement son discours en fonction de son interlocuteur. C'est le côté passionnant de la profession et sa limite: ne peut la pratiquer qui veut.

Une question se pose néanmoins de façon cruciale: comment cerner les mobiles d'achat? Là encore il ne saurait être question de faire un livre sur la morphopsychologie puisqu'aussi bien, c'est ce dont il s'agit. La place nous manque et de toute façon, il existe en librairie de nombreux ouvrages sur le sujet.

Nous rappellerons seulement ici, brièvement, une classification simple et déjà ancienne qui aura le mérite de rendre plus concret notre propos sur les mobiles d'achat et surtout qui vous aidera, peut-être, à mieux déceler ceux-ci chez vos clients. Pour la petite histoire, il s'agit d'une simplification des théories du Professeur Le Senne, bien connu de tous ceux qui se sont intéressés, de près ou de loin à la physiognomonie.

Si le principe de cette méthode est simple et même presqu'enfantin, son maniement requiert beaucoup d'attention. Rassurez-vous, avec un peu d'entraînement vous la maîtriserez très vite et en exploiterez avec profit tous les avantages. Le principe est le suivant: l'ensemble de nos concitoyens de race blanche se divisent en quatre groupes, chacun d'eux ayant une forme de visage caractéristique et une personnalité spécifique; voici, sans plus attendre, ces quatre types morphopsychologiques.

Type sanguin

Visage rond aux chairs fermes, teint coloré.
C'est un musculaire, épais mais rarement empâté.
Psychologiquement, c'est un battant. Il aime l'action avant tout. Les spéculations intellectuelles ne sont pas son fort. A la limite, on pourrait dire qu'il réfléchit générale-ment... après l'action. C'est un spontané, ce qui ne signifie pas pour autant qu'il soit sot, loin de là.
Le sanguin, comme son nom l'indique, est un bon vivant, on peut même dire un jouisseur. Il aime tous les plaisirs, à commencer – et c'est un point capital – par l'amitié.
S'il a l'esprit d'équipe, il ne supporte guère, en revanche, la contrariété et ce n'est pas là le moindre de ses paradoxes. Il est excessif en tout, capable du pire comme du meilleur. C'est un être hautement sympathique par sa jovialité, et exécrable par sa mauvaise foi et ses colères foudroyantes. On ne fait jamais appel à lui en vain, mais il est essentiel de ne jamais le contrer ouvertement.
Son mobile d'achat prédominant, évidemment c'est la *sympathie*. Si l'on sait parler à son cœur, on parlera aussi... à son portefeuille. A l'occasion, la nouveauté ne lui est pas non plus indifférente.

Type bilieux

Visage rectangulaire aux angles vifs et saillants, teint pâle voir blafard.

Psychologiquement, le bilieux est ce qu'on pourrait appeler un "pisse-froid". C'est avant tout un pragmatique, avec lui un et un font toujours deux. Seuls les faits l'intéressent et les opinions ne sont bonnes que pour les rêveurs... ou les romanciers.

Son aspect général est austère (c'est un adepte du costume 3 pièces), appuyé par un regard glacé et inquisiteur qui n'encourage guère au dialogue. Plus d'un s'y laisse prendre et prend congé le plus vite possible.

Dommage car, si le bilieux est froid et calculateur, il est en revanche clair et précis et avec lui, on sait où l'on va. Comme de plus il n'a qu'une parole, on conçoit que la relation commerciale, à défaut d'être facile, a l'énorme avantage d'être dénuée de toute ambiguïté. Il ne parle pas pour ne rien dire... mais attend la réciproque de la part du vendeur.

Son mobile d'achat prédominant, c'est l'*orgueil*. On dit que les bilieux sont de la race des chefs, ils le manifestent en permanence dans leurs attitudes. Le bilieux, étant un arriviste, ne dédaigne bien entendu pas l'argent qui est fréquemment son second mobile. Le bilieux attend bien sûr du vendeur une argumentation précise, chaque argument avancé devant faire nettement ressortir les caractéristiques et les avantages.

Type nerveux

Visage triangulaire au front large, sec voire maigre, en perpétuel mouvement (les tics n'ont rien d'exceptionnel chez les nerveux).

Psychologiquement, le nerveux est animé par une immense et insatiable curiosité. Souvent d'une intelligence supérieure à la moyenne, il s'intéresse à mille choses en même temps. En revanche, il mène avec grande difficulté ses en-

43

treprises à terme, tenté qu'il est de sauter en permanence du coq à l'âne.

Au plan général, on peut dire simplement que le nerveux ne tient pas en place. Chez lui, tout bouge en permanence et tout particulièrement les mains, ce qui agace souvent ses vis-à-vis. Si l'on y ajoute qu'il en va de même au plan du discours, on conçoit que ce type d'individu rend le dialogue parfois déroutant.

Déroutant mais jamais dénué d'intérêt, le nerveux comprend vite, se passionne, étudie toutes les facettes de ce qui lui est proposé. Aucun aspect ne lui est indifférent.

A l'évidence, son mobile d'achat premier est la *nouveauté*. Homme de communication tout autant que le sanguin, il réagit souvent positivement au mobile sympathie. Le nerveux attend du vendeur une argumentation riche, variée, accompagnée d'exemples et appuyée par une documentation abondante et si possible originale.

Type flegmatique

Visage rond aux formes molles, en forme de poire, peu expressif.

Psychologiquement, le flegmatique est un "fonctionnaire-né". Ennemi des initiatives, amoureux des directives précises, il applique ces dernières avec un soin plus que scrupuleux. Nul à-peu-près, tout chez lui est net, précis, bien fait, pas d'improvisations intempestives, aucune fantaisie et seulement la recherche de la perfection en toutes choses.

Au plan général, le flegmatique est totalement statique. Confortablement installé dans son fauteuil ou solidement campé sur ses jambes, il écoute très attentivement. L'initiative du dialogue et de sa poursuite ne vient jamais de lui mais, on est toujours garanti de sa pleine et entière colla-

44

boration car il est foncièrement honnête et coopératif. Avec lui pas de traquenards, il est tout le contraire d'un homme de mauvaise foi.

Au plan des mobiles d'achat c'est bien sûr très clair: *confort* et *sécurité*. Pas de problèmes, ni de complications au plan de la mise en œuvre et du mode d'emploi, voilà le rêve du flegmatique. Un S.A.V. sans défaut ne peut en outre que le combler. Le flegmatique attend du vendeur des explications extrêmement complètes et détaillées. Il se trouve rassuré par les documentations qu'on lui remet et qu'il pourra étudier ensuite tout à loisir. Il ne doute pas *a priori* de ce qu'on lui dit mais aime les preuves de ce que l'on avance. Peu enclin à l'aventure, le flegmatique aime le terrain stabilisé.

Vous concevez sans peine qu'il s'agit là d'un schéma général. Des caractères aussi nets et bien définis sont l'exception. En fait, la plupart des gens que nous côtoyons sont hybrides: très sanguin, un peu nerveux; très bilieux, un peu flegmatique. Il est peu de types purs qui vont donc réagir exactement comme défini ci-dessus.

Il reste toutefois – et c'est heureux – que chacun de nous, à défaut d'être un type pur au plan morphopsychologique, a une dominante: plutôt sanguin, plutôt bilieux, etc., et que cette dominante infléchit, pour sa plus grande part, notre comportement. Sanguin pas trop coléreux mais quand même; bilieux pas dictateur mais... raide malgré tout; nerveux sans véritables tics mais impatient; flegmatique sans excès mais hostile aux manifestations de sympathie. La boucle est bouclée.

Seconde remarque d'importance: ce mode d'approche de l'*ego* d'autrui ne se maîtrise pas en un jour, il nécessite des mois peut-être même des années. Il est essentiel, au moins au début, de s'y entraîner intensivement et systématiquement. Dès que vous vous trouvez en présence d'un client, il est de votre intérêt de vous poser la question pour savoir quel est son type morphopsychologique puis, tout au long de l'entretien et selon ses réactions, de confirmer ou d'infirmer votre impression première. Progressivement, votre jugement s'affinera et, au bout d'un certain moment, si vous vous attachez à cette démarche sans y faillir une seule fois, vous vous tromperez rarement. Et puis, cela vous conduira à regarder vos interlocuteurs droit dans les yeux, plus encore à les écouter – et non à les entendre, ce qui est fondamentalement différent – et à observer attentivement leurs attitudes révélant toujours leur personnalité.

Mais peut-être vous demandez-vous à quoi ce test va-t-il pouvoir vous servir à vous, vendeur ou futur vendeur. La réponse est simple et de bon sens: à éviter les dialogues de sourds, si fréquents en matière de communication lorsqu'on se trompe de cible. Il est clair qu'on ne va pas aborder un sanguin comme un bilieux; on tend la main au premier, on salue le second de la tête. Procéder à l'inverse jette un froid avant même que quiconque ait ouvert la bouche. Ce n'est évidemment pas une bonne façon de débuter un entretien qui se veut, par essence, constructif.

Au demeurant, il en ira de même tout au long de la rencontre. Que ce soit au plan de l'argumentation ou celui de la réponse aux objections, le vendeur se doit de taper juste. Le bon argument évite les malentendus et les pertes de temps, dont chacun sait qu'il est le bien le plus précieux du commercial. De même, et plus encore, cette connaissance pointue du client aidera-t-elle le vendeur à l'instant, souvent redoutable et redouté, de la conclusion. Tout faux pas, à ce moment-là, peut faire capoter l'entretien le mieux mené du monde jusqu'à ce terme délicat. Là encore quelle économie de temps et d'efforts, et plus encore, quelle image de sérieux et d'efficacité...

Il est capital, à la veille de l'échéance de 1992, d'être tout à fait conscient de l'importance du verbe qui prendra peu à peu plus d'importance que les chiffres. Certes, aucun responsable ne dédaignera les conditions financières qui lui seront proposées mais, il attachera autant d'importance aux services qui lui seront offerts... et à la qualité des relations avec les vendeurs de ses fournisseurs. Cela suppose une excellente connaissance réciproque, rien n'empêchant bien entendu les clients de pratiquer la morphopsychologie vis-à-vis de ceux qui viennent les solliciter.

Il s'agit donc, pour les compétiteurs de demain, d'être tout à fait prêts au dialogue réellement efficace, c'est-à-dire à chaque cas particulier. La connaissance fine de l'autre en est la première et la plus délicate condition. Le discours adapté n'est que simple affaire d'entraînement.

CONNAISSANCE DU PROFESSIONNEL

Derrière ou à côté de l'homme, il y a le professionnel. Le vendeur, c'est une évidence, s'adresse autant à l'un qu'à l'autre. Schématiquement, celui-ci adapte la forme à l'homme et le fond au professionnel. En d'autres termes, il emploie un langage qui touche à la fois les motivations de l'individu et les intérêts du commercial. Les choses ainsi posées, que peut et doit rechercher le vendeur par rapport au spécialiste qui se trouve face à lui?

Tout d'abord bien sûr, c'est sa formation. Les conditions du dialogue risquent d'être fort différentes si le vendeur est en présence d'un ingénieur d'une école très spécialisée, ou d'un technicien possédant une longue expérience, ou d'un jeune titulaire d'un modeste CAP ou d'un pur autodidacte. Humainement, ni les uns ni les autres n'ont rien à s'envier, aucun des derniers cités n'a à rougir de ses origines. Mais à l'évidence, le degré de leurs connaissances a de grandes chances d'être différent et doit, dans le cas des premiers, inciter le vendeur à une certaine modestie; prudence est toujours mère de sûreté et mieux vaut passer pour un ignorant que pour un prétentieux. A ignorer ce sage précepte, bien des vendeurs se ridiculisent.

Il y a ensuite ce que nous nommerons ses titres; entendez par là les réalisations passées et présentes. On peut difficilement donner des leçons à quelqu'un qui a déposé quinze brevets à 30 ans, créé deux ou trois sociétés et manage une équipe de 40 vendeurs. Le passé professionnel de chacun, surtout s'il est bien rempli, conditionne considérablement son comportement. L'artisan consciencieux et compétent, formé sur le tas, ne réagit forcément pas de la même façon que le jeune responsable d'une entreprise en plein essor. Là encore, nul ne peut se prétendre supérieur à l'autre. Leurs titres propres ont la même valeur intrinsèque, à défaut d'avoir la même portée. Il reste que leurs attitudes ne sont pas les mêmes non plus que doivent l'être celles du vendeur: peut-être plus cool dans un cas, plus directes mais plus "déférentes", plus étudiées dans l'autre.

Il y a encore ses relations d'affaires et tout particulièrement avec ses confrères. Celui qui est capable d'entretenir des rapports courtois voire amicaux avec les concurrents est encore plus apte à le faire avec ses fournisseurs. En revanche, qui est à couteaux tirés avec les premiers est souvent peu amène avec les seconds; mieux vaut le savoir, les positions préparées à l'avance étant aussi les plus faciles à défendre.

Il est en outre d'un intérêt majeur à se tenir informé des relations d'affaires de chacun de nos clients et surtout de leur qualité: c'est la prospection par ricochet. Parmi les différentes méthodes de découverte des nouveaux clients, il en est une qui consiste à se faire recommander (d'où le qualificatif de ricochet) auprès de gens que l'on ne connaît

48

pas, mais qui possèdent un potentiel pour nos produits. Bien entendu pour que cette recommandation soit valable, il importe que notre *mentor* jouisse d'une excellente réputation et ait d'excellents contacts avec les personnes vers lesquelles il nous dirige. Cela semble tellement évident·que nous n'en développerons pas les raisons.

Ce qui est, en revanche, moins évident c'est la méthodologie. En aucun cas le vendeur ne doit se contenter d'un "Allez donc voir Untel de ma part, c'est un excellent ami". Untel peut ne pas se souvenir de cet "excellent ami" ou ne pas le porter dans son cœur. Au mieux peut-il être sceptique car, après tout, n'importe qui peut se recommander de n'importe qui. Conclusion logique, la recommandation doit être nettement identifiée et, si possible, matérialisée. Dès lors qu'un de nos fournisseurs ou de nos clients accepte de nous "pistonner", il faut le prier de décrocher son téléphone et de fixer pour nous un rendez-vous, ou encore de prendre sa plume et de rédiger un mot d'introduction vantant nos mérites. C'est à ce prix et à ce prix seul que le piston fonctionnera harmonieusement et efficacement.

La démarche vous semble osée? Elle vous paraît même utopique? Notre expérience déjà longue de cette pratique nous permet de vous assurer que vous ferez rarement appel en vain à ceux que vous solliciterez en ce sens. Les refus sont peu fréquents... si vous ne faites pas erreur sur la personne, et si votre image de marque – sérieux, compétence, intégrité – est des meilleures. Les résultats sont des plus probants. Si le vendeur ne commet pas d'erreur grossière et si ses produits sont adaptés, un prospect ainsi contacté devient presqu'à tout coup un client fidèle. Cela doit faire partie intégrante des préoccupations permanentes du vendeur que de penser à la prospection par ricochet.

Nous terminerons ce chapitre par un élément de connaissance du client au plan professionnel qui nous semble revêtir une importance toute particulière: celle des projets. La démarche du vendeur doit toujours être prospective. Le présent n'est rien en matière commerciale, seules comptent les perspectives à moyen terme. La gestion d'un secteur de vente ne se fait pas au jour le jour. Il faut savoir faire des coupes sombres dans les clients dont on devine la disparition plus ou moins rapide et, au contraire, faire des sacrifices pour ceux dont on peut espérer un important développement. Nous reverrons d'ailleurs tout cela lorsque nous aborderons les questions d'organisation et plus particulièrement le fichier client.

Chaque année le directeur commercial demande, à ses chefs de vente ou à ses inspecteurs, les prévisions de leur équipe pour l'année suivante. Ceux-ci, tout naturellement, se retournent vers leurs hommes de terrain pour les prier d'en faire tout autant au niveau de leur secteur respectif. Il leur est bien sûr loisible de reprendre les réalisations de l'année précédente en les majorant de 5 à 10%. Ne souriez pas, cela se pratique très couramment. On pourrait également envisager les dés, les tarots ou l'astrologie, ce serait tout aussi aléatoire. Que fait donc le vendeur consciencieux et intelligent? Il commence par reprendre ses fiches client, une à une. S'il a bien travaillé tout au long de l'année, il a noté, au fur et à mesure, les renseignements qu'il a pu recueillir concernant les projets de ses clients. Il ne lui reste plus qu'à additionner les chiffres pour pouvoir donner satisfaction, sans effort, à ses supérieurs. S'il a moins bien travaillé, il lui faudra plancher longuement, réfléchir sur chaque fiche pour y inscrire une évaluation prévisionnelle réaliste. A défaut d'organisation, il faut du courage.

Comment obtenir ces renseignements si précieux? Au premier chef, c'est une évidence, il y a ceux fournis par l'intéressé lui-même et il serait faux de croire que tous nos clients font grand mystère de leurs propres affaires ainsi que de leurs projets. Certains y mettent même une sorte de point d'honneur, comme les sanguins ou les nerveux. Il suffit de leur poser les questions pertinentes voire, tout simplement, les écouter. Ils sont souvent fort diserts en ce domaine comme en d'autres.

Le personnel de l'entreprise est, quoi qu'il en dise, toujours fier des résultats de sa société et enthousiaste pour ses projets. Aussi en parle-t-il volontiers, à qui veut l'entendre. Nulle malice dans tout cela, seulement une légitime fierté. Le vendeur n'a nul besoin de solliciter les confidences, elles viennent généralement seules, il lui suffit d'attendre, de garder les oreilles grandes ouvertes... et son stylo prêt.

Les confrères, même si cela n'est pas dénué d'un certain machiavélisme, ne sont pas avares d'informations concernant leurs concurrents. Tout se sait dans une profession et il n'y a pas que dans les couloirs des entreprises que les bruits circulent. Dans les antichambres des organismes consulaires, autour des tables de restaurants aussi. Tout s'apprend, tout se sait, tout se répète et là encore, il suffit de savoir écouter.

Enfin, la presse locale ou nationale se fait couramment l'écho de la vie des entreprises. On peut y trouver maintes informations très significatives concernant l'évolution des sociétés qui nous intéressent. Encore faut-il prendre le temps de les lire, de les vérifier... et une fois de plus de les noter.

Les occasions d'avoir entre les mains ce type de publication ne manquent pas, celles de les parcourir non plus: au restaurant, dans les salles d'attente de nos clients, à l'hôtel avant ou après le dîner. En cela comme en bien d'autres domaines, le vendeur doit être disponible presque 24 heures sur 24. C'est tout le secret de la réussite commerciale.

Peu d'individus font du commerce pour leur seul plaisir. On peut certes éprouver une certaine jouissance à compter la recette en fin de journée ou le chiffre d'affaires en fin de mois car c'est, après tout, une façon comme une autre de mesurer sa propre efficacité. Plus généralement, on cherche surtout à rentabiliser l'argent et les efforts consentis, ce qui est somme toute bien légitime.

Ne nous trompons pas toutefois, le profit est pour certains une fin en soi alors qu'il a, pour d'autres, une finalité bien différente: possibilité d'investir dans des activités complémentaires, permettre à une équipe de vivre tout simplement, mesure de sa propre efficience, etc. Les motivations d'un chef d'entreprise à l'autre sont très différentes. De celui qui voit comme un aboutissement le legs de son entreprise à ses employés au "fils à papa" qui se demande quand il va bien pouvoir changer sa Porsche qui a déjà deux ans et 60 000 km, il y a un monde et tous les cas de figure intermédiaires sont imaginables.

Les motivations par rapport au profit étant très diverses, les comportements de nos acheteurs le sont également. Les uns demanderont exclusivement des avantages financiers, des remises et autres avantages en nature tandis que les autres préféreront des actions de formation, l'organisation de réunions commerciales, l'édition de documentations personnalisées à l'intention de leur propre clientèle, des démonstrations du matériel pour les collaborateurs de leur S.A.V. Connaître ces motivations par rapport au profit, c'est proposer à coup sûr ce qui va vraiment séduire.

Le commerçant que nous visitons pour la première fois ne nous a pas attendu pour fonctionner. Il a déjà ses fournisseurs dont il est plus ou moins satisfait mais qui ont pour nous l'inconvénient d'exister. Le vendeur compétent connaît ses confrères, leurs points forts et leurs points faibles, leurs méthodes de travail, leur image de marque sur le marché. Il est donc toujours prêt à les contrer partout où il les rencontre.

Bien entendu contrer la concurrence ne signifie pas la dénigrer. Ce serait s'abaisser soi-même et donner une piètre opinion de nous à nos interlocuteurs. En réalité, il est une règle d'or: le bon vendeur ne cite jamais les autres, ne fait spontanément aucune allusion à leurs produits, à leurs conditions commerciales et aux membres de leur réseau. Le secret est de faire comme si nous étions seuls, de vanter nos produits, faire ressortir la qualité de nos services et mettre l'accent sur nos avantages financiers. Sans aucun doute nos concurrents sont bons mais nous, nous sommes meilleurs encore.

S'il est tentant de dire du mal de notre prochain, il est tellement plus confortable de ne parler que de nous-mêmes. Nous insistons sur ce point car la médisance, même discrète, est un travers dans lequel tombent trop volontiers nos concitoyens que ce soit dans leur vie courante ou professionnelle. La population des vendeurs n'échappe pas, hélas, à la règle. Nombre d'entre eux éprouvent le besoin de "démolir" leurs confrères et, malheureusement, passent souvent aux actes. Réaction puérile pensez-vous; nous dirons pour notre part qu'elle est simplement humaine. Raison de plus pour vous en méfier comme de la peste.

Pensant que vous êtes d'accord sur ces propos, nous espérons que vous mettrez un frein à votre esprit critique, si tel est votre cas, ou que vous resterez dans votre bienveillante neutralité si vous la pratiquez déjà depuis longtemps. Il reste toutefois à répondre à cette importante question: comment savoir quels concurrents sont en place chez vos prospects ou cherchent activement à entrer chez vos clients?

La première formule, qui dépend exclusivement du vendeur, c'est l'observation. Regarder attentivement autour de lui, lorsqu'il pénètre dans une entreprise, ne réclame de la part du représentant qu'un modeste effort de concentration. Il lui suffit de tourner les yeux à droite et à gauche pour remarquer nombre de détails significatifs en rapport avec le passage de ses concurrents: calendriers affichés ostensiblement dans les bureaux et ateliers, cadeaux d'entreprise (stylos, cendriers, agendas et autres) traînant de-ci de-là, échantillons ou matériel à l'essai. Tous ces signes ne peuvent et ne doivent échapper à l'œil du vendeur averti. Cela ne signifie pas pour autant que les auteurs de ces présents aient déjà un pied dans la place mais c'est là une preuve indéniable de leur passage. S'ils sont venus, ils reviendront et s'ils reviennent souvent – plus souvent que nous – et qu'ils sont réellement accrocheurs, ils peuvent parvenir à leurs fins... à notre détriment.

Or, il est un principe qu'il vous convient de garder constamment à l'esprit: un prospect ne se convainc ni par lettre ni par téléphone. L'un et l'autre ne servent, au mieux, qu'à obtenir des rendez-vous. Rien jamais ne peut remplacer la situation du face à face. Mais, parce qu'il y a un **mais**, on ne peut indéfiniment rencontrer des prospects qui ne se décident jamais à collaborer avec nous. L'expérience nous permet de déterminer le ratio du nombre limite de visites à un prospect. Si celui-ci n'a pas selon les branches professionnelles, "voté" à l'issue de la quatrième, sixième ou huitième rencontre, il faut impérativement, bon gré mal gré, faire l'impasse sur lui. Tout nouvel entretien serait purement et simplement une perte de temps et, comme toute perte de temps se fait obligatoirement au détriment des résultats...

En conclusion, sachons regarder autour de nous. L'environnement est rempli d'informations capitales qu'il suffit de noter, en attendant de pouvoir les exploiter. La chose n'est pas si évidente pour qu'on puisse considérer comme inutile d'insister.

La seconde base d'informations que nous avons déjà rencontrée plus haut ce sont les vendeurs des sociétés concurrentes. Non seulement ils ne sont pas hostiles à citer le nom de leurs clients mais, dans bien des cas, ils s'en vantent. Il est vrai que, considérant que tout se sait, il serait vain de vouloir tout cacher et qu'en plus, sous ce prétexte fallacieux, on s'oblige à dîner seul tous les soirs à l'hôtel. Chacun conçoit, de la part de ses confrères, un minimum de discrétion concernant ses clients mais comprend mal pourquoi faire mystère de ce qui sera très vite sur la place publique. Confidences pour confidences dit la sagesse populaire et recueillir ou même solliciter des informations suppose qu'on en fournit soi-même. Tout dans la vie est donnant, donnant. Ceci posé, nous avons connu nombre de vendeurs qui pratiquaient couramment cette stratégie et s'en portaient fort bien. Si vous êtes novice pensez-y lorsque vous prendrez la route. Ne considérez pas systématiquement vos concurrents comme des ennemis héréditaires.

Certains le sont, par principe, mais nombreux sont ceux qui considèrent cette notion comme dépassée et vous le manifesteront d'autant plus que vous êtes jeune et sans expérience dans le métier.

Troisième source d'informations sur la concurrence en place ou en passe d'y être ce sont les acheteurs eux-mêmes. Certes, le Français en général et les entrepreneurs en particulier ne sont guère des adeptes de la transparence. Si l'un parle de son salaire, c'est qu'il avoisine le S.M.I.C. Encore omet-il soigneusement de faire état d'avantages divers liés ou non audit salaire. Si l'industriel énonce volontiers son chiffre d'affaires, il reste très discret sur sa marge bénéficiaire. Il cite facilement le montant de ses frais généraux mais pas celui de ses bénéfices.

Pourtant, ce même industriel étale souvent sans retenue les remises et conditions qui lui sont accordées par ses fournisseurs. C'est que, ce faisant, il escompte que vous, qui souhaitez entrer chez lui, ferez mieux que les autres. La ficelle, pour un peu grosse qu'elle soit, est de bonne guerre. Après tout, qui ne risque rien n'a rien.

Néanmoins, le représentant astucieux essayera de croiser ces informations avec celles qu'il aura pu recueillir par ailleurs. Ces confidences doivent être prises comme une indication et jamais pour argent comptant. Le client peut très bien prêcher le faux pour obtenir le vrai. Pousser chaque fournisseur à la surenchère est une tactique couramment pratiquée. Certains foncent tête baissée dans le panneau quitte, dans de nombreux cas, à travailler à perte ou, au mieux, à ne rien gagner.

Or, s'il est envisageable de faire jeu blanc sur certains produits pour conquérir un marché, il est déraisonnable de le faire sur l'ensemble de la gamme. Si l'on peut se permettre une fois de frapper fort pour enlever une place forte, on ne peut prolonger cet effort indéfiniment sans compromettre dangereusement l'équilibre financier de l'entreprise. Si l'on peut faire des sacrifices sur certains produits mineurs, on peut difficilement en faire autant sur les leaders qui apportent les plus gros chiffres mais aussi les plus faibles marges.

Noter scrupuleusement les renseignements donnés par les clients et prospects sur leurs fournisseurs, les solliciter même s'ils ne viennent pas spontanément, c'est le rôle du vendeur.

Les vérifier et les exploiter au mieux des intérêts de son employeur, c'est son devoir, sa vocation pourrait-on même dire. Nous en reparlerons plus loin.

Sauf à travailler pour une très jeune société encore inconnue sur le marché, la renommée – bonne ou mauvaise – de notre marque nous précède chez les prospects. Au seul énoncé du nom de notre entreprise, le futur client réagira positivement ou négativement. Dans le premier cas de figure nous serons accueillis à bras ouverts, avec tous les honneurs et l'enthousiasme dus à notre image mais dans le second cas, au contraire, nous aurons beaucoup de peine à nous faire recevoir et, si nous y parvenons, l'accueil sera tout sauf cordial. Or, il est bien connu que les renommées se font et se défont ou, en d'autres termes, qu'elles ne sont pas toujours justifiées dans un sens comme dans l'autre; c'est l'art du vendeur de le démontrer à ses prospects, preuves à l'appui.

Le vendeur qui veut vendre mieux ne doit pas se mettre des œillères et faire semblant d'ignorer les reproches qui sont faits à ses produits et aux services qui s'y rattachent, à la politique commerciale de son entreprise et, éventuellement, à lui-même. La politique de l'autruche ne gomme pas les taches. Tout au contraire, faut-il voir celles-ci en face pour être prêt à les effacer radicalement et, si possible, définitivement. Faute de quoi, on se prépare à toutes les vexations, à tous les camouflets et autres fins de non-recevoir.

Notre entreprise peut jouir d'une excellente réputation en général, mais d'une très mauvaise chez certains clients en particulier. Les raisons, il faut bien le dire, ne sont pas toujours rationnelles. Ce peut être la conséquence d'une fâcherie d'un confrère du client avec le collègue qui nous a précédé, le fait que ce dernier était une femme (le client étant misogyne), un cadeau de fin d'année pas aussi important qu'espéré, etc. Tout cela n'est pas très sérieux mais, la nature humaine est ainsi faite qu'elle s'attache bien souvent à des détails de peu d'importance.

Plus essentiel est de déterminer les causes réelles de mécontentement. Un litige mal réglé, plusieurs livraisons incomplètes, la parole du vendeur non respectée par la direction, tout cela entache de façon durable notre crédit. Si la situation n'est pas irréversible, l'amélioration des relations demandera beaucoup de temps et d'efforts de la part du vendeur pour être renversée. En revanche, il serait maladroit de ne pas crever l'abcès car, tous les contacts ultérieurs s'en trouveraient empoisonnés désagréablement. Mais de deux choses l'une: ou bien le client était de parfaite bonne foi et les griefs invoqués étaient bien réels, ou bien il s'agissait de vils prétextes pour nous évincer purement et simplement. La première hypothèse implique que le vendeur mette tout en œuvre pour réparer les conséquences ou, au mieux, les compenser de façon élégante. Le client pardonnera aisément la faute si elle est reconnue et plus encore, dédommagée d'une façon ou d'une autre, ne serait-ce que par un service ou une invitation ou un cadeau, même sans réelle valeur marchande. Le prétexte par contre, s'il doit bien être pris en compte, ne peut recevoir qu'une réponse verbale. Notre bonne foi n'étant nullement en cause, il ne saurait être question d'accorder au client quelque faveur que ce soit. Ce serait implicitement nous octroyer une responsabilité que nous n'avons pas à assumer et ouvrir la porte aux réclamations les moins justifiées du monde. Pour le vendeur, la seule attitude à tenir en semblable circonstance est de démonter méticuleusement et objectivement l'objection. L'objecteur, constatant qu'on ne tombe pas dans le panneau, renoncera généralement très vite et viendra à Canossa.

Nous espérons vous avoir convaincu que connaître la clientèle du secteur et chaque client qui la compose, permet de vendre mieux.

● **Vendre mieux**, parce qu'on met au point des stratégies différenciées en fonction des différents créneaux de clientèle: on n'aborde pas de la même manière une armée de métier ou des guérilleros, des sportifs professionnels ou de purs amateurs. On n'a pas le droit de débiter un discours tout fait, mis au point une fois pour toutes. Un vendeur n'est pas un magnétophone programmé.

● **Vendre mieux**, parce que, tel le journaliste, on commence par recueillir le maximum d'informations, puis on s'efforce de les croiser pour les confirmer ou les infirmer enfin, si elles sont correctes, on les régurgite de façon objective, en respectant une sémantique au moins élémentaire. Le journaliste, autant que le vendeur, doit un minimum de respect à ses "victimes". La manipulation n'a jamais été et le sera de moins en moins, une méthode commerciale viable. La transparence des intentions est, et sera toujours de plus en plus, la base de relations particulièrement solides au niveau de la vente. Mais, rappelez-vous constamment que cette transparence suppose une connaissance parfaite de l'*autre*.

● **Vendre mieux**, parce que le vendeur s'efforce de cerner la personnalité de l'homme qui se cache derrière le client. Celui-ci a le devoir de se préoccuper, avant tout, des intérêts de son entreprise ou de sa famille mais, il réagit d'abord à notre discours en fonction de ce qu'il est fondamentalement à titre individuel.

Nous espérons vous avoir convaincu que cette quête était aussi passionnante que peu évidente. Passionnante car, sans cela, vendre serait purement et simplement distribuer comme cela peut se faire pour une machine ou un catalogue. Peu évidente, parce que tout ce qui touche l'être humain ne s'impose pas mathématiquement. Il faut beaucoup de pugnacité et de doigté pour connaître nos semblables et, au travers de cette connaissance, être en mesure de communiquer harmonieusement et efficacement.

Chapitre 3
Vendre mieux, c'est avoir des objectifs

De tous côtés, on entend parler de budget, prévisions et prospectives. C'est parce qu'aucune entreprise aujourd'hui, quelle que soit sa taille, ne peut se permettre de naviguer à l'estime. Tout désormais doit être calculé, prévu, anticipé. Pour avoir trop vécu au jour le jour, combien d'artisans ont dû retourner à l'usine, combien de petites entreprises ont dû fermer leurs portes et de plus importantes licencier une partie du personnel pour survivre. La pérennité de l'entreprise passe désormais par l'existence d'objectifs réalistes.

Chacun doit être conscient que ce n'est pas là uniquement l'affaire de la Direction. Si la responsabilité lui incombe bien, elle a besoin de tous pour les réaliser et même les élaborer. Du plus modeste employé au cadre le plus élevé de la hiérarchie, chacun contribue aux résultats de l'entreprise, positivement ou négativement. La force de vente ne peut rien si les factures ne suivent pas, si les livraisons sont mal faites ou arrivent trop tard, si le service après-vente est incompétent. En échange, tout le monde a des idées sur ce qui pourrait être fait à son niveau, mais aussi en amont et en aval, pour que la machine soit toujours plus performante.

Dans ce contexte, la direction commerciale joue un rôle tout particulier. Sans lui donner plus d'importance qu'il ne convient – ce serait minimiser la fonction des autres services – force est de reconnaître son rôle moteur au plan de réalisations de l'entreprise. C'est par elle – remarquez que nous n'avons pas dit grâce à elle – que se fait le chiffre d'affaires. Bien peu de clients font appel à une société ayant des concurrents directs s'ils ne sont, au préalable, sollicités. Même les entreprises ayant un monopole de droit ou de fait ne se contentent pas "d'attendre le client". Elles vont au devant de lui, par la publicité notamment.

Le devenir de l'entreprise, en particulier ses investissements, dépend fondamentalement des intentions du commercial, c'est-à-dire des objectifs à court et moyen termes que se fixe ce dernier. Dès ce moment, toute l'équipe de vente se trouve impliquée. Le directeur commercial ne peut inventer les chiffres, qui doivent être réalistes. Pour lui, il n'est donc qu'une solution: collationner les prévisions de ses collaborateurs qui, eux, sont au contact direct de la clientèle. Nous verrons plus loin comment cela peut s'orchestrer.

AVOIR DES OBJECTIFS QUANTITATIFS

Un chiffre d'affaires ne se réalise pas simplement avec de bonnes intentions. En ce domaine, encore moins qu'en bien d'autres, les "Y'a qu'à" "Faut que je" n'ont pas droit de cité. Obtenir des résultats palpables suppose, de la part du vendeur, une longue réflexion et la mise en forme d'un programme d'actions concrètes. Celles-ci peuvent viser soit une augmentation du nombre des produits vendus, soit une augmentation du nombre de clients en portefeuille, les deux tactiques au demeurant n'étant pas contre-indiquées.

OBJECTIF DE CHIFFRE D'AFFAIRES

Pour vendre plus de produits, il est possible soit de faire commander des quantités plus importantes de chacun d'eux, soit d'obtenir le référencement de l'intégralité de notre gamme. Là encore, l'une et l'autre solution ne sont pas, loin de là, incompatibles. Expliquons-nous.

AUGMENTATION DES QUANTITÉS VENDUES PAR PRODUIT

Supposons un représentant ayant à proposer à sa clientèle une gamme de douze produits. Chez Monsieur Dupont, il se voit commander régulièrement trois produits pour des quantités respectivement de mille, cinq cents et trois cents unités de vente. Or le vendeur sait pertinemment, parce qu'il connaît parfaitement le potentiel de Monsieur Dupont, que ce dernier consomme trois fois plus de chacun de ces trois produits. Il sait aussi à qui Monsieur Dupont commande les quantités complémentaires nécessaires à celles qu'il lui prend.

Fort de ces informations, notre vendeur va donc faire le forcing pour obtenir, par exemple, une commande de deux mille, mille et quatre cents unités de vente pour les trois produits en cause. Ce faisant, il aura augmenté son taux de pénétration dans l'entreprise de 50%. Mais, me direz-vous, comment parvenir à ce résultat qui paraît mirifique. Après tout, si Monsieur Dupont ne réserve qu'un tiers de ses achats, c'est qu'il a de bonnes raisons. Cela ne sera réellement prouvé que lorsque le vendeur aura tout essayé pour "tailler des croupières" à ses concurrents. Comment y parvenir ou au moins, tenter de le faire?

En premier lieu, il peut reprendre auprès de Monsieur Dupont son argumentation pour les trois produits en cause en mettant l'accent sur leurs points forts, qui correspondent, comme par hasard, aux points faibles de ceux des confrères. Médisez (sur le fond cela va sans dire, c'est-à-dire sans en avoir l'air, sans citer quoi que ce soit), il en restera toujours quelque chose. A force de s'entendre dire au fil des visites que nous sommes les meilleurs, Monsieur Dupont en sera au moins ébranlé, si ce n'est totalement convaincu. Nous ne deviendrons peut-être pas fournisseur unique mais, nous augmenterons vraisemblablement le volume de nos livraisons. Notre but sera atteint.

Notre insistance engendrera certainement des réticences et notre interlocuteur essayera de justifier sa politique actuelle. En un mot il nous fera nombre d'objections. Nous devrons donc nous défendre pied à pied et réfuter une par une chacune d'elles. Ici aussi, connaître le client et sa position par rapport à la concurrence, nous sera très précieux pour pulvériser lesdites objections une fois pour toutes.

Autre solution pour évincer, en tout ou partie, nos confrères c'est assurer un meilleur service. Nous avons longuement parlé de tous les avantages que retirait un client de la connaissance du mode d'emploi et de la mise en œuvre du produit et nous avons plus qu'évoqué toute l'importance du service après-vente. Si ce dernier aspect du service n'est pas totalement le fait du vendeur, le premier, par contre, est de son entière responsabilité. Il n'appartient qu'à lui d'être puits de science quant au mode d'emploi et à la mise en œuvre de ses produits et est de sa seule responsabilité d'en faire profiter Monsieur Dupont. Si nos confrères sont assez maladroits pour ne pas se donner cette peine, c'est partie gagnée pour nous. Nul doute que Monsieur Dupont aura tendance à majorer les commandes qu'il nous accordait jusque là.

Il reste une méthode qui présente l'énorme inconvénient de n'être pas toujours l'apanage du seul vendeur: les avantages commerciaux. Cela doit rester, de toute façon, une solution extrême parce qu'elle est génératrice d'un moindre effort de la part du vendeur et d'un manque à gagner pour l'entreprise. Elle n'est de toute manière praticable que sur les produits à marge suffisamment forte pour que les remises les plus modestes n'affectent pas sérieusement la rentabilité.

Ces avantages commerciaux peuvent dans la pratique prendre des formes très diverses: de la remise pure et simple (en argent ou en nature), jusqu'à l'invitation à une croisière organisée par l'entreprise pour ses clients, en passant par des livraisons fractionnées, la vente en duo avec les vendeurs du client et les dépannages gratuits pour des matériels hors garantie. A ce niveau, l'imagination est une précieuse alliée pour le vendeur, comme nous le verrons plus loin à propos de l'après-vente.

Nous conclurons ce paragraphe en nous étonnant que cette méthode d'augmentation du chiffre d'affaires soit si souvent boudée ou, au mieux, ignorée des vendeurs d'excellent niveau qui commercialisent des produits sophistiqués, alors qu'elle est si courante chez ceux qui vendent des produits de grande consommation. Nous ne faisons en l'espèce aucune référence aux promotions que l'on voit pratiquer dans tous les domaines mais, beaucoup plus simplement, à l'initiative du vendeur. En effet, il est courant d'entendre le boucher vous réciter tous les plats qu'on peut préparer avec les restes d'un pot-au-feu, ou le marchand de légumes attirer votre attention sur le fait que la dépense d'énergie est presqu'aussi importante pour la cuisson de trois livres de pommes ou d'un kilo, ou encore le photographe sur le fait qu'on a toujours besoin d'une pellicule le dimanche et les jours fériés et que ce produit se conserve presqu'indéfiniment stocké dans le réfrigérateur. Pourquoi ce que certains peuvent faire, les autres ne le

pourraient-ils pas? Pourquoi cette incitation à l'achat supplémentaire serait-elle réservée aux seuls produits de grande consommation?

AUGMENTATION DU NOMBRE DE PRODUITS RÉFÉRENCÉS

L'expérience prouve qu'une proportion non négligeable
de consommateurs attribue à chaque marque une sorte de
suprématie dans un domaine spécifique, même si ladite
marque n'est pas devenue le nom commun de tous les produits similaires, comme ce fut le cas de Frigidaire pour ne
citer que ce seul exemple célèbre entre tous. Cette attitude
n'est, au demeurant, pas dénuée de fondement même si
l'on peut estimer qu'il n'existe plus aujourd'hui de mauvais produits sur le marché. Ceci conduit, par exemple, à
influencer celui qui installe dans son logement une cuisine
intégrée à prendre un lave-linge d'une marque, un lave-
vaisselle d'une autre, un four d'une troisième, lors même
que toutes les marques nationales ont à leur catalogue ces
trois types d'appareils.

Le même phénomène se reproduit fréquemment dans
l'entreprise tant il est vrai, comme nous l'avons vu plus
haut, que derrière chaque professionnel il y a un homme
bien vivant. Techniciens et acheteurs ont, eux aussi, des *a
priori* sur les produits dont ils ont besoin. Les essais com-
paratifs lus dans la presse spécialisée, l'opinion des confrères et la publicité, contribuent à créer dans l'esprit des utilisateurs une image bien définie des produits. Chaque
marque commerciale se voit ainsi attribuer par les acheteurs plus ou moins consciemment une sorte de label de
qualité très ciblé.

Il n'y a donc rien d'étonnant à ce que producteurs, trans-
formateurs et distributeurs dispersent leurs achats entre
plusieurs fournisseurs différents. Les premiers espèrent,

grâce à cette sélection qu'ils pensent objective, assurer à leurs fabrications le plus haut niveau et, les seconds, constituer une gamme qui satisfera même les plus exigeants. Dans les faits, le caractère irrationnel des choix – bien qu'inconscient – n'apporte pas toujours le résultat escompté. La porte est dès lors, ouverte au vendeur susceptible de fournir un produit ayant des performances comparables, et très largement ouverte lorsque ces dernières sont objectivement supérieures, ce que le vendeur devra, bien entendu, prouver de manière irréfutable.

Sans doute, à la lecture de ces lignes vous êtes-vous fait cette remarque: tout cela est vrai mais suppose de connaître à fond nos produits autant que ceux de la concurrence. Rien ne se perd, rien ne se crée et nous retrouvons là – ce n'est pas un hasard – un point longuement développé au chapitre 1. Seule une connaissance irréprochable des produits autorise une argumentation sans faille qui, elle-même, nous permet de nous imposer chez les prospects et de prendre la place de nos confrères chez les clients. Aucune personne, consciente et honnête, n'évincera l'un de ses fournisseurs sans y avoir de bonnes raisons et sans être totalement convaincu qu'il y va de l'intérêt de son entreprise, et c'est heureux.

Le vendeur qui veut vendre mieux n'essaiera en aucun cas de faire remplacer, par un produit de sa gamme, un produit concurrent qu'il sait de façon patente mieux adapté au besoin particulier de l'utilisateur ou du revendeur. Ce serait une espèce de supercherie qui aurait toute chance de ne pas faire long feu. Le marché de dupe ainsi conclu entraînerait tôt ou tard une insatisfaction de la part du client et, très vite, un pourrissement des relations. En somme, il est toujours dommage, pour une part de gâteau volée, de se voir interdire l'entrée de la boulangerie.

Notons en outre qu'il n'est jamais confortable d'être fournisseur exclusif. Aucune faute ne nous est en effet, dans cette position, pardonnée, toute défaillance de notre part compromettant le fonctionnement harmonieux de la production de notre client. Face à une rupture de stock dans nos entrepôts, à une livraison retardée, à des produits défectueux, ce dernier se trouve désarçonné et n'a, par définition peut-on dire, aucune solution de remplacement immédiate. Etre le seul impose aussi d'être sans reproche. Songeons également qu'un contrat d'exclusivité, même purement moral, se paie au prix fort. Nul ne penserait se priver d'avantages substantiels alors qu'il réserve tous ses achats à un seul et même fournisseur. Toute peine, en l'espèce les risques évoqués ci-dessus, mérite salaire c'est-à-dire remises, livraisons gratuites, cadeaux, invitations, toutes choses qui, c'est évident, amputent très sérieusement la marge. Les risques de surenchère sont toujours importants en semblable circonstance. Le client, même de bonne foi, est toujours amené, malgré lui et sans y penser réellement, à réclamer toujours plus. Toute médaille a son revers.

A ces deux réserves près il reste clair que, plus nombreux sont les produits de notre gamme représentés chez chacun de nos clients, plus notre chiffre d'affaires avec eux s'en ressentira. Outre l'argumentation serrée dont il a été question plus haut, le vendeur dynamique pensera à jouer sur la complémentarité de ses produits. Une gamme n'est pas un ensemble hétéroclite, constitué de bric et de broc, en toute fantaisie, mais sa constitution ressort d'une ligne directrice sous-tendue par la satisfaction de besoins très ciblés. Par exemple, si un fabricant de briquets de luxe propose également dans sa gamme des stylos, c'est que les uns et les autres s'achètent fréquemment au même endroit par le consommateur: maroquineries, débits de tabac. Si un torréfacteur commercialise sous sa marque du café bien sûr, mais aussi des filtres, c'est que les deux produits vont de pair. Et cela devient évident pour l'acheteur... si le vendeur pense à le lui dire.

OBJECTIFS DE CLIENTÈLE

Enfonçons une porte ouverte pour commencer ce paragraphe capital: tous les clients ne sont pas également intéressants pour le vendeur et, au-delà, pour l'entreprise. Entendez par là que certains sont rentables alors que d'autres coûtent plus qu'ils ne rapportent. Ce qui peut vous sembler une évidence parce que vous êtes novice et attendez d'avoir terminé cet ouvrage pour prendre la route, l'est infiniment moins sur le terrain de la réalité quotidienne. Il suffit d'avoir assisté une fois au moins à une réunion de dégraissage du fichier avec une équipe de vente pour en être définitivement convaincu. Nous reviendrons sur ce point dans quelques pages.

Nous parlerons d'abord de la clientèle traditionnelle, c'est-à-dire celle qui utilise nos produits ou les commercialise habituellement et qui en est donc demanderesse. L'intérêt que cette clientèle peut ou non présenter pour nous, tient à deux critères: son potentiel et sa fidélité et nous allons examiner chacun d'eux en détail. Comme nous en avons convenu au chapitre précédent, tous les clients d'un secteur de vente n'ont pas le même potentiel. De l'artisan à la multinationale, les volumes de consommation de produits n'ont rien de comparables. L'un se verra livrer le contenu d'une brouette tous les mois et la seconde un semi-remorque de trente-huit tonnes toutes les semaines. Or il faut être très conscient que les frais afférents aux différentes opérations liées à l'exécution d'une commande, ne sont pas proportionnels à son montant. Quelque soit ce dernier, il existe un coût minimum qui, dans certains cas, peut être supérieur au bénéfice.

Attardons-nous un instant sur cet aspect des choses. Que le bon de commande comporte une ligne écrite ou dix, le prix d'achat de la feuille de papier a été le même. Que la facture comporte une ligne ou dix, les références du client seront reportées une seule fois et idem pour le bon de livraison. Au plan de certains frais matériels ou de certaines tâches, il y a un minimum incompressible quelle que soit l'importance de l'ordre à traiter.

Restent les frais variables et, tout particulièrement, les temps d'exécution. S'il est clair que le comptable mettra plus de temps à établir une facture de dix lignes qu'une de deux, ce ne sera jamais dans la proportion de deux à dix. En d'autres termes, le document de deux lignes coûtera proportionnellement plus cher que celui de dix. Ce qui est valable pour la facturation l'est pour les autres postes commerciaux: prise de commandes téléphoniques, préparation des livraisons, règlement des litiges, etc. Autrement dit, le petit client peut également entraîner des frais de fonctionnement, au plan de l'entreprise, incompatibles avec la rentabilité pure. De là à le supprimer de notre fichier, il n'y a qu'un pas qu'il est souhaitable bien souvent de franchir sans remords.

Autre élément de dépense trop souvent ignoré: le coût de chaque visite du représentant. Ce dernier ne se déplace évidemment pas à pied. Il utilise une automobile, qu'elle appartienne à l'entreprise ou qu'elle soit personnelle, des indemnités substantielles lui étant alors versées. La rémunération du vendeur itinérant est généralement constituée d'un fixe et de commissions. Qu'il voie ou non ses clients, qu'il réalise un chiffre d'affaires faible ou important, le fixe lui est crédité en fin de mois.

Nous nous limiterons à ces deux éléments du coût de la visite, notre propos n'étant pas de vous donner un cours sur la question mais seulement de vous faire toucher du doigt la réalité. Notre intention est de vous démontrer que, en égard à cette inévitable dépense, les visites de politesse ne peuvent exister raisonnablement et qu'elles ne peuvent être faites chez des clients, soit à trop faible potentiel donc passant des commandes de très faible volume, soit qui nous réservent la portion congrue de leurs achats.

Vous avez sans aucun doute deviné où nous voulions en venir au travers de cette longue démonstration. Il s'agit, bien sûr, de la sélection qu'il est nécessaire d'opérer régulièrement au sein de notre clientèle. Il est carrément suicidaire de visiter à chaque passage, dans une région donnée, un client qui, eu égard au rapport volume de la commande, coût de la visite, ne rapporte strictement rien à l'entreprise, lorsqu'elle n'entraîne pas une perte sèche pour elle. Trois cas de figure peuvent se présenter.

Petit client sans espoir réel de croissance

Le vendeur le supprime de son planning régulier des tournées, quitte à le garder en portefeuille et lui rendre visite une à deux fois par an pour lui présenter, par exemple, les nouveautés. Entre-temps, ce client est pris en charge par le Siège directement (par le service télé-vente s'il existe ou l'Administration des ventes).

Petit client en voie de développement

Le vendeur qui veut réussir, doit savoir investir et parier sur l'avenir (et sa direction l'aider dans cette voie). Tout client dont on sent ou mieux, dont on sait qu'à moyen terme les projets qu'il mûrit actuellement vont certainement

71

se concrétiser, justifie toujours un sacrifice momentané. Mieux vaut prendre le train à la gare de départ que de tenter de le prendre en marche. Le fournisseur de la première heure a de grandes chances d'être également aussi celui de l'apogée.

Client à fort potentiel mais qui nous commande peu

Le vendeur doit d'abord s'interroger sur les raisons qui motivent le peu d'enthousiasme de ce client à notre endroit. Existe-t-il un contentieux avec notre prédécesseur ou même, avec notre entreprise? Ne sommes-nous pas compétitifs et, dans l'affirmative, sur quels points (produits, après-vente, conditions commerciales)? Ou bien est-ce nous, vendeurs, qui sommes en cause?
L'examen objectif de la situation peut nous conduire à deux conclusions. Première conclusion: dans l'état actuel des choses nous ne pouvons objectivement espérer augmenter notre part de marché chez le client. Si cette dernière est incompatible avec les critères de rentabilité, il nous faut avoir le courage de supprimer momentanément ce client de notre fichier. Seconde conclusion: nous sommes nous-mêmes coupables de cet état de fait. Nous devons donc réviser notre position et concevoir une tactique pour reprendre le terrain perdu... et la mettre en œuvre avec ténacité.

Venons-en maintenant au cas des prospects car, s'il est clair qu'il est tout à fait souhaitable de conserver les clients acquis, il l'est non moins d'en avoir de nouveaux. Un portefeuille-clients s'appauvrit inévitablement peu à peu: les uns cessent leur activité définitivement, les autres déménagent, les troisièmes changent purement et simplement de domaine d'activités. A cela, le vendeur le plus consciencieux ne peut rien. Il constate, regrette... et s'efforce de combler chaque vide créé. Autrement dit, il prospecte.

Il existe en fait deux types de prospects: ceux qui se trouvent dans notre créneau et que nous n'avons pas eu le temps de voir ou chez lesquels nous n'avons jamais réussi à entrer, et ceux qui n'utilisent pas nos produits mais qui pourraient très bien le faire. Pour conquérir les premiers, il suffit de s'organiser ou de parfaire sa technique d'approche et son argumentation. Pour découvrir les seconds en revanche, il faut de l'imagination appliquée à une longue observation des situations.

Soyons un peu plus précis. Chaque vendeur peut et doit connaître tous ceux qui, dans son secteur de vente, ont l'utilité évidente et immédiate de ses produits. Ce recensement, nous le verrons, pose le seul problème du temps à y consacrer. Cette démarche requiert en fait plus d'effort que de réflexion. Ce qui explique, au demeurant, que nombre de vendeurs la négligent quelque peu, estimant sans doute plus important de visiter les clients réguliers acquis de longue date et donc, ne se préoccupent des prospects qu'occasionnellement. Ce ne doit évidemment pas être l'attitude du vendeur qui veut vendre mieux.

Celui-ci parviendra un jour – et il est souhaitable que ce soit le plus rapidement possible – à faire le tour de tous les prospects directement concernés par ses produits. Il lui faudra alors trouver de nouveaux débouchés pour ces derniers. Or si ces débouchés ne manquent pas, ils ne s'imposent pas à l'évidence. Pour les débusquer, le vendeur doit faire œuvre de réflexion et d'imagination, il doit être créatif au plus haut niveau.

Nous ne citerons qu'un exemple qui nous paraît très significatif. Comment un représentant en ventilateurs pour tableau de bord d'automobile fournissant déjà tous les accessoiristes, grandes surfaces et autres garages, pouvait-il élargir son créneau de clientèle? En les proposant à un fabricant d'armoires de toilette qui, grâce à ce complément, se trouvèrent dotées d'un sèche-main. Elémentaire mais encore fallait-il y penser.

Cette recherche de nouveaux débouchés doit être une préoccupation constante pour le vendeur qui veut vendre mieux. Elle prévient ainsi l'état de saturation de sa clientèle traditionnelle. On conçoit néanmoins que les idées de génie ne se présentent par tous les jours, surtout si on les mûrit seul, dans son coin.

En effet, on sait depuis longtemps que la réflexion en commun de plusieurs personnes utilisant une méthodologie précise, comme par exemple le brainstorming, est génératrice de nombreuses et bonnes idées... Nombre de responsables commerciaux ne se privent pas d'organiser des séances de créativité chaque fois qu'ils se trouvent en face d'un problème nécessitant des solutions novatrices. A défaut de l'existence officielle de semblables réunions, rien n'empêche le vendeur d'en provoquer avec ses collègues, en tous lieux et circonstances, par exemple dans l'entreprise, après une réunion commerciale ou encore, avant ou à l'issue d'un repas pris en commun. Les occasions ne manquent pas de se retrouver à plusieurs et de dialoguer d'autre chose que de la pluie et du beau temps, de la conjoncture économique toujours mauvaise. Une autre occasion encore, au cours d'un séminaire en lieu et place de la télévision ou de la partie de billard. Il est un temps pour toutes choses: la télévision peut se regarder en famille, pendant le week-end et le billard se pratiquer avec des amis pendant les heures de loisir. Les occasions d'échanges avec les collègues sont trop exceptionnelles, en général, pour ne pas les exploiter de façon constructive.

Dès lors qu'on a imaginé de nouveaux débouchés pour nos produits, il s'agit bien entendu de les exploiter: d'abord en localisant les prospects, puis en les programmant dans nos tournées et enfin, en élaborant un plan de vente très pointu pour les aborder puis les convaincre. Il ne s'agit pas de se faire plaisir mais bien de se fixer des objectifs de maintien et de développement de la clientèle. Un portefeuille clients est comme un jardin: il faut en éliminer les mauvaises herbes qui étouffent les plantes saines, arroser, engraisser régulièrement ces dernières et en introduire de nouvelles au fur et à mesure qu'il en meurt. Les petits clients dévoreurs de temps et d'argent doivent être rayés, sans autre forme de procès, du planning du vendeur. Cela lui permet plus de disponibilité pour les clients intéressés et intéressants.

Nous nous sommes suffisamment appesantis sur le critère potentiel et allons en venir à la fidélité des clients. C'est en fait un très grave problème car il pose au vendeur bien des cas de conscience. Eu égard à ce que nous avons dit jusqu'ici concernant les clients à faible potentiel, il apparaît souhaitable de ne plus les visiter. Pourtant, ce qui est bien au plan de la saine gestion d'un secteur de vente est très gênant au plan moral. Qui n'éprouverait des scrupules à déclarer tout de go à un artisan que, malgré vingt-cinq ou trente ans de relations commerciales ininterrompues, on a décidé unilatéralement de divorcer.

Nous avons évoqué plus haut la possibilité, pour les clients à très faible chiffre d'affaires, des solutions de substitution. S'il est un cas où celles-ci s'imposent, c'est bien avec les clients qui, faute de s'être développés, ne nous sont pas moins restés fidèles. L'objectif est de continuer à livrer le client mais à moindres frais. La première mesure consiste à supprimer les visites systématiques du représentant, celles-ci prendront un caractère exceptionnel: sortie d'un nouveau produit par exemple, ou modifications importantes de la politique commerciale. Ainsi se trouve éliminé un poste de dépense non négligeable, les relations directes au travers du vendeur n'étant pas pour autant rompues avec l'entreprise.

D'autres palliatifs peuvent être imaginés pour ne pas tomber avec ce type de clients au-dessous du seuil de rentabilité: livraisons trimestrielles si celles-ci étaient jusqu'ici mensuelles, passation des commandes par appel téléphonique ou sur Minitel (les frais correspondants restent bien entendu à la charge du client), livraisons par l'intermédiaire d'un revendeur.

Quelle que soit la ou les solutions adoptées, le client devra en être informé personnellement par le vendeur avec tous les attendus qui s'imposent, celui-ci devra expliquer pourquoi on en vient là, sans pour autant laisser supposer qu'on le fait de gaieté de cœur et encore moins par charité. Nous voulons conserver notre client mais sans perdre d'argent. C'est un raisonnement tout à fait logique que même le plus obtus est capable de comprendre.

Certes, à ce jeu, nous perdrons ceux qui croient encore au client-roi qui pensent que tout leur est dû, et que rien ne doit être trop beau pour les garder. A tout prendre, on peut se demander si cela constitue une grosse perte. Le client borné qui ne veut pas comprendre les règles élémentaires de l'économie moderne ne peut apporter que des déboires. En le mettant à la porte, il rend un fier service au vendeur qui pourra encore mieux se consacrer aux acheteurs intéressants à tous points de vue.

Il est temps, nous semble-t-il, de résumer les grands préceptes touchant aux objectifs-clients en commençant par ce qui nous paraît en constituer leur philosophie. Conserver ses clients et en acquérir de nouveaux constituent, ce n'est point douteux, une solution essentielle pour accroître le chiffre d'affaires du secteur. Pour parvenir à ce résultat, il faut:

- connaître individuellement chaque client d'un secteur au plan de ses réalisations passées, actuelles et prévisibles;
- éliminer les clients occasionnels, sans potentiel apparent et sans avenir;
- rencontrer tous les prospects dont on peut penser raisonnablement qu'ils seront, à court ou moyen terme, des clients;
- faire le siège des clients à potentiel chez qui on est mal implanté.

Nul doute qu'un effort bien orchestré dans cette quadruple direction ne permette d'améliorer de façon, si ce n'est spectaculaire du moins significative, les résultats du secteur.

AVOIR DES OBJECTIFS QUALITATIFS

Pour réaliser en compétition les performances qui lui permettront de monter sur le podium, le sportif se fixe, non seulement des seuils à dépasser coûte que coûte, mais il pense aussi à la manière dont il parviendra à les franchir. Il doit être prêt physiquement mais aussi psychologiquement.
De même en va-t-il pour le vendeur. L'atteinte de ses objectifs quantitatifs suppose qu'il y soit préparé en permanence et qu'il ait semé. Nous entendons par là, qu'au delà des chiffres, se situent les intentions et l'état d'esprit. Décider que, dans les trois mois à venir on visitera douze prospects et qu'on n'en convaincra que trois ou quatre, permettra de les intégrer dans le planning et nous forcera à les voir. Mais il est clair que cela ne se concrétisera pas en claquant des doigts et s'il est essentiel de vouloir pour réussir,

cela ne suffit pas. Il faut en avoir viscéralement envie et aussi, avoir fourbi les outils qui nous permettront d'aller au bout de notre tâche.

Songeons également que nous n'aboutirons que rarement du premier coup. Il faudra généralement plusieurs essais... entre lesquels nous ne pourrons rester inactif et totalement muet. Un geste, un mot maintiendront le contact entre deux rencontres physiques.

Qu'on ne s'y trompe pas, tout ce qui vient d'être dit est valable, aussi, pour les clients. La concurrence est de plus en plus vive, nos confrères de plus en plus accrocheurs et sollicités de toutes parts, nos clients peuvent avoir la tentation de nous être infidèles. Il ne nous suffit pas de venir les voir régulièrement le carnet de bons de commande à la main, pour qu'ils nous réservent une exclusivité ou, au moins, le plus gros de leurs achats dans notre gamme de produits. Il faudra bien d'autres démarches de notre part et de plus, nous différencier très nettement des autres.

Comment procéder précisément? C'est, si vous le voulez bien, ce que nous allons étudier ensemble maintenant.

L'APRÈS-VENTE

Précisons immédiatement qu'après-vente n'a strictement aucun rapport avec service après-vente. Ce dernier concerne la maintenance des produits et plus encore des matériels vendus; l'après-vente du vendeur, ce sont les actions gratuites qu'il met en œuvre pour se rappeler constamment à l'esprit du client, pour lui manifester en toute occasion sa présence, pour prouver toute l'importance qu'il lui accorde. Dans le premier cas, il s'agit d'actions concrètes exécutées par un technicien aux termes d'un contrat et dans l'autre, d'attentions purement facultatives imaginées par le vendeur et fidèles au dicton: "En toute circonstance, c'est l'intention qui compte".

Plus concrètement encore, après-vente c'est tout ce que fait le vendeur après que – comme le dit l'un de nos excellents confrères – le client ait dit OUI. Le rôle du vendeur ne se termine pas avec la signature du bon de commande. Ce serait beaucoup trop simple et très démobilisateur, ce serait réduire la fonction du vendeur à celle d'un stylo à bille.

Même si pratiquement cela lui pose problème, le vendeur doit suivre la bonne exécution des ordres qu'il a notés chez ses clients. Dans la plupart des entreprises, le vendeur est destinataire d'un double des bons de livraison. Il lui appartient de les étudier soigneusement en les rapprochant des bons de commande. Ainsi, en cas d'anomalie, peut-il sans tarder se rapprocher du service expéditions puis du client, pour éviter qu'une erreur de l'un ne soit taxée de faute grave par l'autre. Une simple erreur ne devient une faute incontournable que si elle se reproduit à plusieurs reprises... ou si elle ne reçoit pas sa solution dans les meilleurs délais. Le rôle du vendeur qui vend mieux est d'éviter tout risque d'erreur au niveau du Siège et d'y apporter réparation ou, au minimum, explication si elle se produit malgré toutes les précautions qu'il a lui-même pu prendre par ailleurs.

Il est commun d'affirmer qu'un produit n'est réellement vendu qu'au moment où il se trouve entre les mains du destructeur final, c'est-à-dire celui qui va l'utiliser donc contribuer à moyen ou long terme à son renouvellement. Cela veut dire aussi qu'un vendeur ne peut considérer son rôle terminé tant qu'il n'est pas sûr que **son** produit se trouve effectivement bien entre les mains de ce destructeur. Il lui appartient de le suivre tout au long du chemin. Plusieurs cas de figure peuvent se présenter.

• Il vend le produit directement à l'utilisateur (cas du fabricant de matières premières traitant avec le transformateur, sans intermédiaire). Il serait anormal et anti-commercial de laisser celui-ci se "débrouiller" seul. Le vendeur qui vend mieux propose, impose même son concours pour la mise en œuvre du produit. Plus encore, il revient à plusieurs reprises pour s'assurer qu'aucune anomalie ne survient après le démarrage de la production en régime normal. C'est autant son devoir que son intérêt. Son devoir parce que ce serait trop facile de percevoir des commissions sans apporter en échange un service; que penseriez-vous d'une boutique de prêt-à-porter qui refuserait de raccourcir le pantalon que vous venez de lui acheter, ou du marchand de meubles qui vous laisserait le soin d'emporter le living-room de 300 kg que vous avez l'intention d'acquérir? C'est aussi son intérêt car, si – reconnaissons-le – la fidélité au plan commercial devient une denrée de plus en plus rare, elle l'est encore plus lorsque le vendeur ne l'encourage pas. Il ne faut désespérer de rien. Ce n'est pas parce que certains nous trahissent sans aucun scrupule allant toujours au mieux-disant, que d'autres ne nous renverront pas l'ascenseur lorsque nous leur aurons rendu le service qu'ils attendaient de nous.

• Le vendeur propose ses produits à un transformateur qui les intègre lui-même dans ses propres fabrications. Hormis les élémentaires mais approfondies informations qui doivent être dispensées par le vendeur, une assistance technique continue est, comme dans le cas de figure précédent, indispensable. Le vendeur connaît son produit, ses performances, ses compatibilités avec d'autres composants. Son premier soin a été de s'assurer qu'il n'y avait aucun problème à ce niveau lorsqu'il a proposé son produit. Son rôle au niveau de l'après-vente est de contrôler que, lors de la mise en fabrication, l'hypothèse de départ se trouve bien vérifiée et, si besoin est, d'être un intermédiaire diligent entre les services techniques du client et de sa propre entreprise. Il lui appartient également, au titre de l'après-vente, de suivre l'évolution du produit fini chez son client afin d'être toujours prêt à faire évoluer le sien, si cela s'avère nécessaire. Un produit quel qu'il soit doit continuellement recevoir des améliorations si l'on veut qu'il garde les faveurs des acheteurs. Celles-ci, au demeurant, peuvent être suggérées par le vendeur, observateur sur le terrain, informateur des services concernés de son entreprise. Notons enfin qu'il est du plus grand intérêt pour le vendeur de proposer à son client transformateur toute amélioration technique du produit fini qu'il a pu imaginer ou dont il a pu entendre parler par ailleurs, ceci même et peut-être même, surtout si cela entraîne une substitution au niveau du produit que nous fournissions jusqu'ici. Après-vendre c'est aussi conseiller.

• Le vendeur propose ses produits à un distributeur. En l'espèce, lorsque nous parlons de distributeur, nous entendons l'intermédiaire entre le fabricant et le revendeur qui, lui, s'adresse directement au consommateur. En clair, ce distributeur porte, dans la pratique, le nom de grossiste, demi-grossiste, agent général, mandataire, etc... Son rôle consiste à faire connaître les produits du ou des fabricants avec qui il a conclu un accord de coopération, souvent à les stocker dans ses propres entrepôts et à les livrer, toujours à les facturer et donc aussi à faire au revendeur l'avance de trésorerie correspondante.

Au plan de l'après-vente, le rôle du vendeur est clair:
– il doit d'abord informer très clairement et très complètement les commerciaux du distributeur des caractéris-

tiques techniques de ses produits. Lesdits commerciaux doivent en fait être aussi compétents que lui sur ces derniers car, dès lors qu'ils seront chez le distributeur, ce sont eux qui en assumeront le bon acheminement vers le revendeur et au delà vers le destructeur final;

— le vendeur doit aussi former les vendeurs du distributeur en leur fournissant (ou en leur faisant découvrir) les arguments de vente; en les initiant aux secrets de la mise en œuvre des produits; en leur explicitant les conditions du service après-vente, en leur dispensant tous conseils utiles pour la mise en avant des produits chez les revendeurs. Cette "formation" peut être dispensée en salle, au cours de réunions commerciales dans les locaux du client ou en un lieu extérieur sympathique ou original et/ou directement sur le terrain à l'occasion de visites en commun chez les revendeurs. Dans les deux cas, le message se devra d'être structuré, concret, complet. Le discours en revanche sera direct, sans emphase. Il s'agit bien d'un vendeur s'adressant à d'autres vendeurs qui sont aussi ses confrères et parfois néanmoins amis;

— le vendeur peut enfin aider les vendeurs des distributeurs dans leurs actions de vente. Comment? En les accompagnant là encore sur le terrain, non pour se suppléer à eux auprès de leur clientèle, non pour vendre à leur place mais, plus prosaïquement, pour leur servir de caution si besoin est et attirer leur attention (hors visite bien sûr) sur les carences apparues par rapport à leur connaissance de nos produits. Il s'agit là, en quelque sorte, d'un appui commercial autant que d'un complément de formation.

Il est encore d'autres cas de figure – visites directes aux revendeurs et même aux consommateurs, aux entreprises de vente par correspondance – que nous vous épargnerons, notre propos n'étant pas de dresser un panorama complet des différents circuits de distribution et des méthodes de vente adaptées à chacun d'eux mais seulement de faire ressortir la philosophie de l'après-vente. Nous espérons vous avoir prouvé qu'il s'agit bien d'actions non *quantifiables* et non *chiffrables* mais qui concourent à nous démarquer et à nous rendre, si ce n'est indispensable, du moins utile au client.

L'IMAGE DE MARQUE PERSONNELLE

Il serait tout à fait ridicule de penser que les produits se vendent seuls, que l'argumentaire le mieux fourbi suffit, à lui seul, à convaincre le client et qu'en d'autres termes, la personnalité du vendeur ne joue en rien par rapport à l'acte de vente. Michel Audiard confessait volontiers qu'il écrivait ses dialogues de film en fonction des acteurs qui allaient jouer dans celui-ci. A l'opposé, on peut être certain qu'aucun comédien ne peut interpréter n'importe quel rôle, quelle que soit la grandeur de son talent. Là, mais aussi dans la vie professionnelle, chacun possède un registre qu'il est souvent mal inspiré de ne pas respecter, mais cela suppose du talent de toute façon de la part de l'acteur ou, autrement dit, une personnalité.

Le vendeur est, dans son genre, une sorte de saltimbanque. Entendons par là que s'il doit pouvoir, comme l'acteur au théâtre, se glisser dans la peau de personnages inventés par d'autres, il doit savoir, lui vendeur, jouer aussi bien la comédie que la tragédie, le grand classique que la pièce de boulevard. Pour réussir il doit, comme l'artiste, posséder une forte personnalité mais être, de plus, un Janus capable de rires et de pleurs ou, encore, un caméléon prenant la couleur du support sur lequel il se trouve.

Peut-être estimez-vous que nous déifions résolument le vendeur, que nous en faisons une espèce de superman des temps modernes.

C'est vrai et faux tout à la fois. Vrai car, quoi qu'il fasse, il sera toujours un homme avec ses forces et surtout ses faiblesses, jamais à l'abri de l'erreur, de la contre-performance, de la fatigue et au bout, de la lassitude. La vente est un métier nerveusement éprouvant qui conduit le plus solide à douter périodiquement et le plus faible à piétiner, voire à renoncer. Le vendeur ne sera jamais Dieu, tout au plus un de ses apôtres diligents. Faux car il est non moins vrai que le nerf de l'économie est, et restera longtemps encore, le vendeur. Certains voient dans la télévente, la VPC minitelisée et autres méthodes de communication électronique l'avenir exclusif et très prochain du commerce. Peut-être ont-ils raison... hélas! Ce hélas signifie que, pour notre part, nous en doutons ou au moins espérons viscéralement ne pas devoir y croire. Il serait à notre sens bien dommage que, dans dix ou quinze ans, chacun de nous limite son horizon à son lieu de travail climatisé et son domicile entièrement électronisé. Nous voulons croire que le contact humain, en particulier au plan de la relation commerciale, restera longtemps encore un besoin fondamental de l'être humain.

Nous croyons très profondément à la fonction du vendeur et plus encore à son devenir, mais nous sommes encore plus convaincus que ce devenir passe obligatoirement par le plus-que-parfait. Toujours prêt à se remettre en cause, le vendeur doit aussi l'être à se perfectionner, car le vendeur qui veut vendre mieux doit être celui que l'on respecte pour sa compétence et pour son désir apparent et toujours renouvelé d'être au plus près des préoccupations du client. L'image de sérieux constitue la première facette de la personnalité du vendeur, et non la moindre. Le miroir aux alouettes, le vendeur brillant mais superficiel ne fait pas illusion très longtemps. La personnalité, c'est d'abord le respect que nous inspirons aux autres en ne manquant pas à notre parole, en étant ponctuel à nos rendez-vous, en exécutant nos promesses, en ne médisant pas.

L'image de marque, c'est aussi savoir être à sa place et garder ses distances. On ne fait pas d'affaires avec la famille ou les amis enseigne la sagesse populaire, on ne peut "copiner" avec les clients sous peine de perdre son image de marque. Pourquoi tant de vendeurs se croient-ils obligés d'inviter leurs clients au bar ou au restaurant, une fois le bon de commande signé? Qu'espèrent-ils prouver? Pensent-ils vraiment que cela améliore leur cote de popularité auprès du client?

En ce qui nous concerne, nous affirmons qu'il s'agit là d'une erreur grossière car, même si la manœuvre n'inspire aucune méfiance au bénéficiaire de ces largesses, elle ne crée pas forcément, pour autant, une image favorable. Si la négociation est honnête, elle se suffit à elle-même et ne nécessite en aucune manière ce cadeau. Et, si l'on tient essentiellement à le faire et si l'on insiste, c'est qu'il y a peut-être anguille sous roche. Semez le doute...

De toute façon, la relation commerciale doit être envisagée d'égal à égal, le vendeur procurant à son client la satisfaction d'un besoin, la possibilité de réaliser des bénéfices... ou de se faire plaisir. Dans tous les cas il y a échange, l'une et l'autre des parties recevant quelque chose. On voit mal, dès lors, l'intérêt d'y surajouter un avantage, au demeurant parfaitement gratuit quant à sa portée réelle.

Le vendeur doit être un conseiller, jamais un confident. Qu'on le veuille ou non, on ne peut parler sérieusement et constructivement devant un comptoir, un verre à la main entouré de gens qui dialoguent sur des sujets tout à fait différents des nôtres. Les interférences inévitables ne sont guère propices à une communication réellement efficace. La méthode du "gueuleton" nous paraît révolue et nous nous en réjouissons fortement.

L'image de marque c'est aussi s'adapter aux circonstances et aux interlocuteurs. On n'entre pas hilare chez un client dont on sait qu'il vient de perdre un parent proche, même si l'on ne connaissait ni de près ni de loin ce dernier. On ne s'enquiert pas des projets d'un client, connu par ailleurs pour être en cessation de paiement. Faute d'informations, le bon ton se situe toujours dans le juste milieu et la prudence au niveau des manifestations extérieures doit être une règle d'or pour le vendeur; elle seule l'assure de ne commettre aucun impair.

Face à nos interlocuteurs, il est clair que l'adaptation se fait en fonction de leur personnalité. A cet égard, la morphopsychologie est d'une aide précieuse lorsqu'on aborde un prospect pour la première fois. Souriant et enthousiaste avec le sanguin, le vendeur sera forcément discret et disert avec le bilieux. De la qualité du premier contact dépend généralement celle des futures relations... si elles se créent. Excellente raison pour ne pas le rater.

Le vendeur n'a pas plus intérêt à manifester une trop grande désinvolture avec ses clients acquis. L'habitude est une seconde nature qui émousse les réflexes. A force de voir les choses, on ne les regarde plus. A force de rencontrer les gens, on relâche son attention, on prend des privautés, on ne joue plus le même rôle. L'habitude secrète un déviationnisme sournois de la communication. De la connivence de deux partenaires à la familiarité, il n'y a qu'un pas que certains franchissent bien vite, bien trop vite même dans de nombreux cas. Dans le domaine commercial, cordialité ne rime pas avec trivialité.

Préserver son image de marque doit être un souci permanent pour le vendeur. Lui, plus que tout autre, doit être the right man in the right place (l'homme qu'il faut à la bonne place): affable, prévenant mais jamais obséquieux, ouvert au dialogue mais jamais insistant, le vendeur est l'homme du juste milieu. A l'instar d'une publicité vue par une société de travail temporaire, il doit être celui qu'on recherche, qu'on attend, qu'on a plaisir à voir et non celui qui cherche (sous-entendu à s'imposer), celui qu'on évite, celui qui indispose. Si vous êtes bien convaincu de cela, vous serez le vendeur de demain, celui qui vend mieux et non celui qui fait ce qu'il peut, comme il peut c'est-à-dire souvent médiocrement.

Chapitre 4
Vendre mieux, c'est être organisé

Dans tous les domaines, que ce soit au plan professionnel ou privé, une bonne organisation est toujours un facteur d'efficience; ce n'est donc pas là l'apanage du commercial *mais* elle prend, en l'occurrence, une acuité toute particulière du fait même du profil du vendeur et de son activité quotidienne.

Par nature, le vendeur est un velléitaire toujours prêt à sauter du coq-à-l'âne. L'urgent le motive, le train-train le paralyse; aucun effort ne le rebute... sauf ce qui, de près ou de loin, ressemble à une tâche administrative. Toujours disposé à répondre au client, le vendeur "dans l'âme" l'est plus difficilement pour son chef de vente lorsque celui-ci lui réclame rapports et statistiques. Cet état d'esprit l'amène, dans son travail, plus à improviser qu'à organiser, et pourtant...

A leur décharge, nous reconnaissons bien volontiers que le client se soucie comme d'une guigne de l'emploi du temps des vendeurs. Sa position de payeur l'incite à considérer que ces derniers sont à sa disposition quasi exclusive et ne pas répondre à cette attente peut, dans de nombreux cas, leur jouer des tours fâcheux. Force leur est donc, souvent, de privilégier appels téléphoniques ou visites au détriment de la "bureaucratie". Le service au client prend bien souvent le pas sur l'administratif et l'organisation, on peut le regretter mais pas le critiquer. Après tout, le rôle du vendeur n'est-il pas essentiellement de faire du chiffre d'affaires? Et ce n'est pas en restant chez lui qu'il le réalisera. Nous parlerons essentiellement dans ce chapitre de l'organisation du vendeur itinérant, non pas que le vendeur des services sédentaires doive travailler dans le flou artistique le plus complet. Lui aussi doit exercer sa fonction dans l'ordre et la méthode mais celle-ci s'inscrit dans un contexte général forcément très structuré: les tâches du vendeur sédentaire s'imbriquent étroitement avec celles des autres services et leur organisation s'ordonne presque d'elles-mêmes, comme une conséquence directe des méthodes en usage dans l'ensemble de l'entreprise.

Il en va tout autrement de l'organisation du vendeur itinérant, du représentant. Par essence, celui-ci est un indépendant voire un franc-tireur. Hostile à tout carcan, il aime prendre en main sa propre destinée et son mode de fonctionnement personnel. S'il accepte certaines règles communes à l'ensemble de l'équipe, conscient que l'intérêt de l'entreprise et donc le sien est à ce prix, il rechigne à se voir dicter sa conduite, à la virgule près. Il tolère mal d'être privé de toute initiative personnelle au plan de son travail quotidien.

Et puis loin des yeux, loin du cœur; loin du siège, loin des lois. S'il est loisible au responsable de l'administration des ventes de veiller en permanence à ce que ses collaborateurs ne transgressent pas les lois établies, cela est plus malaisé pour le chef de vente qui, faute d'avoir le don d'ubiquité, ne peut se trouver en même temps au Siège, chez les clients importants et avec chacun de ses hommes. Ces derniers peuvent être tentés de profiter de cette situation pour "n'en faire qu'à leur tête".

C'est, au demeurant, un peu normal car le représentant est entièrement responsable de ses résultats. Que ceux-ci soient bons ou mauvais, il en pâtira le premier ne serait-ce déjà qu'au plan de sa rémunération. Patron de son secteur, il est légitime qu'il bénéficie aussi d'une large zone d'autonomie sur tous les plans y compris celui de son organisation personnelle.

L'ORGANISATION DES TOURNEES

C'est la clé de voûte de toute l'organisation du vendeur itinérant. Faute d'avoir prévu qui il allait voir, il court de droite à gauche, revient sur ses pas, parcourt de nombreux kilomètres inutiles, avec tout ce que cela comporte de négatif tant au plan des frais que du temps perdu. Savoir où l'on va, avant même que d'actionner la clé de contact de l'automobile, nous semble un minimum de réflexion que devrait posséder tout être sensé, encore plus dans son milieu professionnel; la plupart des conducteurs le font pour leurs déplacements privés, évitant ainsi des erreurs de direction et donc des pertes de temps. Le représentant qui n'agirait pas ainsi perdrait en plus de l'argent.

L'ORGANISATION GÉOGRAPHIQUE DES TOURNÉES

Tout secteur de vente possède des frontières géographiques infranchissables, sauf accord exprès du titulaire du secteur voisin. Tous les clients acquis ou potentiels habitant dans le secteur sont la "propriété" du vendeur. Nul autre que lui – dans sa propre société, s'entend – ne peut prendre langue avec eux. En conséquence, il lui appartient de garder le contact avec chacun d'eux... ou de les abandonner à la concurrence.
Nous l'avons vu dans un chapitre précédent, le vendeur qui vend mieux connaît tous les clients acquis qu'il

convient de visiter et tous les prospects qu'il devra, tôt ou tard, démarcher. Nous en parlerons plus loin, les uns et les autres figurent obligatoirement dans son fichier; nous disons bien obligatoirement car, sans cette élémentaire précaution, aucune organisation n'est réaliste au plan du secteur.

Elle lui permet déjà, sur une banale carte routière, de localiser **tous** les clients existants et **tous** les prospects identifiés. Cette représentation graphique peut bien sûr prendre des formes très diverses: on peut très modestement symboliser les clients par la lettre C tracée directement sur la carte et les prospects par la lettre P, on peut sophistiquer quelque peu le système en employant des couleurs d'encre différentes selon par exemple le potentiel ou la périodicité souhaitable des visites. Ces mêmes lettres C et P peuvent figurer sur des pastilles qui permettent, parce qu'elles se décollent aisément, l'utilisation de la même carte très longtemps. Toutes les formules peuvent être imaginées, de la plus simple (celle évoquée plus haut) jusqu'aux plus élaborées (pourquoi pas un micro-ordinateur!). L'essentiel demeure qu'aucun client ni aucun prospect ne passe au travers des mailles du filet et surtout, qu'on puisse mesurer d'un coup d'œil leur répartition géographique.

Un secteur de vente où tous les clients et prospects sont rigoureusement équidistants n'existe pas. Leur densité est toujours plus élevée dans certaines parties du secteur que dans d'autres. Nous ne connaissons pas de cas permettant de ne pas subir cette disparité, ne serait-ce que pour des raisons historiques et par suite d'une évolution économique dont on n'est pas maître. Mais, à part refondre régulièrement des secteurs, force est à chaque vendeur de faire avec. Ce qui est un moindre mal si les choses sont clairement visualisées et que, dès lors, des solutions pragmatiques peuvent être envisagées pour remplir au mieux le contrat moral qui lie chaque représentant à chaque client: le voir quand il le faut et uniquement quand il le faut. Nous reviendrons plus loin sur ce point capital.

Auparavant, nous souhaitons dire un mot des facteurs temps et kilomètres dans l'organisation des tournées. Nous considérons que chaque minute passée sur la route est purement et simplement perdue. Certes, la grande habitude de conduire qu'ont les vendeurs itinérants, leur permet sans risque d'accident de réfléchir (ce qui est moins évident pour Monsieur Tout-le-Monde sur la route des vacances). Réfléchir à l'entretien qu'ils viennent d'avoir ou à celui qui les attend, tirer des conclusions de l'un et se préparer à l'autre, rentabilisent, en partie, le temps passé derrière le volant, à la nuance près que rien ne pouvant être noté, beaucoup d'idées se seront envolées à l'arrivée.

Chaque kilomètre parcouru c'est du temps et de l'argent qui s'envolent en fumée. Or, le vendeur qui veut vendre mieux ne peut se permettre de gaspiller l'un car il perdrait automatiquement l'autre. Pour réaliser du chiffre d'affaires, il lui faut être le plus possible au contact du client, le seul temps que le vendeur peut se permettre d'investir en dehors des visites-clientèle étant celui qu'il consacre à s'organiser pour en faire l'économie ultérieure (selon le vieux précepte des organisateurs qui déclarent très légitimement qu'on n'a jamais le loisir de se pencher sur les méthodes de travail mais qu'on trouve toujours celui qui permet de réparer les conséquences des défaillances de ces dernières).

Structurer ses déplacements est donc, pour le voyageur itinérant, la façon la plus élémentaire de réduire le temps de ses déplacements et par là-même, d'économiser de précieuses heures tout au long de la semaine; heures qu'il pourra bien entendu consacrer plus utilement à réfléchir et s'organiser ou à dialoguer avec ses clients ou prospects. L'organisation géographique du secteur consiste donc à tracer, sur les cartes, des itinéraires tels qu'on économise le plus possible son temps; sachant que la ligne droite n'est pas forcément la plus courte entre deux villes (réseau routier oblige). Chacun de ces itinéraires sera parcouru entre deux retours au siège ou au domicile du vendeur (généralement une semaine).

Bien qu'il ne soit guère agréable de découcher, il est rarement rentable pour un bon équilibre du planning de rentrer chez soi tous les jours; cela se fait toujours au détriment du temps de travail efficace ou à celui des périodes normalement dévolues au repos. Si le représentant quitte son domicile à l'heure où tout le monde commence à travailler, il parviendra chez son premier client ou prospect, la matinée étant déjà bien avancée. S'il fait en sorte d'être chez son premier client à l'ouverture des bureaux, il ampute de manière importante sa durée de sommeil ce qui, à terme, peut s'avérer néfaste pour son équilibre moral et sa santé. Ceci n'est qu'une parenthèse mais d'importance, aucun vendeur chevronné ne nous contredira, de bonne foi.

L'ORGANISATION OPÉRATIONNELLE DES TOURNÉES

Il est une autre source d'économie de temps qui est dans le droit fil de l'organisation rationnelle des tournées, c'est celle qui consiste à ne jamais faire de visites de politesse arguant du fallacieux prétexte "puisqu'on est dans le coin, cela ne coûte rien de s'arrêter voire même de faire un léger détour". Or, si en termes de kilomètres cela ne compte effectivement guère, cela pèse lourd dans la balance des minutes et des heures et en pure perte, tant il est vrai que la visite de simple politesse est presque toujours de pure forme et ne débouche sur aucun résultat palpable. Il ne peut et ne doit pas y avoir de visites de courtoisie mais seulement, comme le dit avec humour l'un de nos estimés confrères formateurs, des visites courtoises... de vente.

En d'autres termes, le vendeur qui veut vendre mieux détermine à l'avance qui il va aller voir. Il ne suffit pas qu'un client se trouve sur son chemin pour qu'il décide de s'arrêter, encore faut-il qu'il ait une très bonne raison de la faire, c'est-à-dire qu'il ait un objectif de visite très précis. Qu'il nous suffise de dire ici qu'aucune visite n'est gratuite, de pure forme, pour "dire un petit bonjour"; chacune d'elle doit **impérativement** être productive c'est-à-dire répondre à un but concret.

Avant de décider de se rendre chez tel ou tel client – nous mettons volontairement à part les prospects chez lesquels on a toujours une bonne raison d'aller – le vendeur doit toujours se demander si la visite s'impose réellement, s'il a vraiment quelque chose à proposer, y compris une information, s'il ne perdra pas son temps en vaines politesses et ne mécontentera pas son interlocuteur du même coup. Nous avons trop vu de ces entretiens de pure forme pour ne pas insister lourdement sur ce point.

Mais pensez-vous peut-être, cette règle de la visite utile est-elle conciliable avec celle de l'économie de temps? Autrement dit, comment intégrer cette notion dans l'organisation géographique de la tournée? Tout cela est en fait très simple et très logique et nous allons essayer de nous en expliquer de façon concise et imagée.

Lorsqu'un automobiliste part en vacances, il détermine quelques jours avant l'itinéraire qui le mènera dans les meilleurs délais de son domicile à son lieu de villégiature. Très souvent, il repère les endroits où il pense utile et agréable de faire halte pour laisser refroidir sa voiture, permettre à chacun de se dégourdir les jambes, de se restaurer. Mais bien souvent, les circonstances en décident autrement: quelques quarts d'heure de retard pour prendre la route, une circulation plus importante que prévue, une crevaison et voilà le plan de route compromis inexorablement. Toutes les prévisions deviennent irréalistes et irréalisables, on suivra bien le chemin envisagé mais on ne s'arrêtera pas là où on le pensait.

Ainsi en va-t-il du représentant avec sa tournée, à la seule différence qu'il respectera les étapes programmées mais pas toutes celles possibles. En d'autres termes, il suivra imperturbablement l'itinéraire déterminé une fois pour toutes mais ne fera halte que là où cela s'avère réellement utile. Rationaliser le déplacement est une chose sur le plan géographique, c'en est une toute autre sur le plan du programme des visites. Le vendeur se fixe qui il ira voir dans le cadre strict de l'itinéraire dont il ne doit déroger en aucun cas.

Economie de kilomètres et utilité des visites vont dicter au voyageur son itinéraire. Soucieux des uns comme des autres, il va, avant de commencer sa semaine, déterminer qui voir, dans quel ordre. Avant de monter dans sa voiture, son planning et son itinéraire seront fin prêts. Il ne devra plus, dès lors, se poser de questions. Seule une urgence au caractère tout à fait important et exceptionnel pourra l'amener à changer ce plan de route mûrement réfléchi. Ni l'humeur du moment, ni les caprices d'un chef de ventes toujours soucieux de plaire aux clients à fort potentiel n'y devront rien changer. Là encore, le phénomène est trop classique pour que nous évitions de l'évoquer avec quelque force.

Il ressort donc de tout ceci que chaque tournée se prépare la veille de partir. Si le trajet reste immuable, les objectifs varient chaque fois et les visites à faire avec eux. Tel client sera vu systématiquement lors de chaque tournée, tel autre une fois sur deux, tel autre encore tous les quatre passages seulement. De même, ce dernier nous verra-t-il deux fois de suite si les circonstances l'exigent: litige à régler sans retard, commande à prendre de toute urgence pour que le client puisse faire face à un chantier exceptionnel, prise de contact avec le successeur de notre interlocuteur habituel, etc. Nous allons revenir abondamment sur ce thème dans le paragraphe suivant qui traite de l'exploitation du fichier, l'une des utilités essentielles de cet outil étant précisément de déterminer qui rencontrer et quand.

EXPLOITATION DU FICHIER CLIENTS

Le fichier clients est au vendeur ce que la truelle est au maçon ou la machine à calculer au comptable: un outil quotidien et permanent. Il doit être soigneusement entretenu, jalousement rangé à l'abri des "intempéries" en tous genres et plus encore, utilisé régulièrement. Sans fichier, le vendeur est sourd et aveugle. Il ne sait où il est, ni où il va.

LE FICHIER CONSTITUE LA MÉMOIRE DU SECTEUR

Nous connaissons nombre de vendeurs qui ont tendance à noter toutes les informations qui leur sont nécessaires et notamment celles relatives aux clients... mais dans leur tête. Il faut voir dans cette manière de faire autant d'allergie à la bureaucratie que de méfiance vis-à-vis d'autrui. Nous avons longuement parlé de la première et n'y reviendrons donc pas. Par contre, nous avons été jusqu'ici totalement muet sur la seconde.

Consciemment ou non, chaque vendeur a tendance à considérer que la clientèle de son secteur lui appartient en propre, ce qui n'est vrai que dans le cas de plus en plus rare où ledit vendeur a le statut de VRP. Dans tous les autres cas, cette clientèle reste la propriété de l'entreprise. Si le vendeur quitte la société, il ne pourra théoriquement plus visiter celle-ci s'il entre dans une société directement concurrente et les petits secrets concernant ses clients ne lui serviront donc à rien; ils ne feront que compliquer la tâche de son successeur ce qui, avouez-le, est une bien piètre satisfaction. Avoir un fichier à jour, le remettre à qui de droit le jour du départ constituent la seule attitude digne et responsable de la part d'un collaborateur doté d'une conscience professionnelle normale. Il nous est agréable de penser que, durant toute votre carrière commerciale (qui, nous l'espérons pour vous, sera longue et plus encore réussie), vous aurez continuellement à cœur de ne pas tomber dans le travers évoqué ci-dessus et qui représente, à n'en pas douter, l'aspect négatif de la tenue du fichier.

LE FICHIER EST AUSSI LA MÉMOIRE DU VENDEUR

Feu Albert Einstein avait, paraît-il, coutume de dire qu'il était tout à fait inutile de s'encombrer la mémoire d'informations écrites par ailleurs. Cette affirmation est d'autant plus vraie quand elle s'adresse à des vendeurs. Leurs facultés intellectuelles sont suffisamment sollicitées pour qu'ils s'évitent un effort supplémentaire au plan de la mémoire; ils ont beaucoup mieux à faire sur bien des points autrement plus constructifs comme par exemple, penser leurs objectifs, élaborer leur programme de visites, imaginer les stratégies de développement, concevoir des actions après-vente.

Tout ce qui peut être consigné dans le fichier (ou les dossiers clients, nous verrons que les deux sont en fait inséparables) représente autant d'informations que le vendeur peut se permettre de ne pas mémoriser. Quel que soit le problème qui se pose à propos d'un client, il lui suffit de consulter la fiche – et éventuellement le dossier – pour avoir sous les yeux tous les éléments de réflexion et de décision.

Un mot au passage sur le dossier client. Un certain nombre de documents parviennent régulièrement au représentant (doubles de factures, copies de correspondances adressées au client par le Siège, doubles de bons de livraison) et lui-même génère des documents dont il doit garder une trace (bons de commande, rapports de visite, réclamations, demandes particulières, etc.); tous ces écrits méritent, bien entendu, d'être conservés au moins un certain temps et, si on les conserve, il convient de les classer rationnellement, faute de quoi ils sont inexploitables.

Beaucoup d'entreprises demandent aux vendeurs de reporter tout ou partie de ces renseignements, précieux il est vrai, sur la fiche client. Nous sommes, pour notre part, résolument hostiles à cette pratique qui a l'énorme inconvénient de majorer le travail administratif du vendeur, même si l'on peut penser qu'elle favorise – ce qui reste à prouver – une mémorisation des informations ainsi recopiées. Il est à notre sens beaucoup plus économique, au plan du temps, de glisser les documents dans une chemise... après les avoir étudiés attentivement. Pourquoi compliquer les choses simples surtout si c'est au détriment de tâches nobles et constructives?

Cette parenthèse fermée, revenons quelques instants sur la fiche client. Celle-ci est généralement fournie par l'entreprise à ses représentants qui, dès lors, ne sont pas maîtres de son tracé (tant mieux si ce dernier est clair, simple et synoptique). De toute façon, il appartient au vendeur de la tenir scrupuleusement à jour et de l'emporter systématiquement chez chaque client; ne pas le faire équivaudrait, pour le vendeur, à ne pas avoir son carnet de bons de commande ou sa documentation. Tous les renseignements importants se trouvant sur la fiche, le vendeur ne peut faire ni oubli, ni bévue, s'il l'a sous les yeux à chaque entretien. Il peut aussi, sans retard, la mettre à jour si l'une des informations y figurant se trouve modifiée depuis le dernier passage.

LE FICHIER EST UN INSTRUMENT DE TRAVAIL PERMANENT

Aucune tournée réaliste ne peut se construire sans un fichier. Nous l'avons vu plus haut, ce n'est pas parce qu'un client se trouve sur l'itinéraire de la semaine qu'on lui rendra forcément visite. La décision est prise par le représentant au coup par coup avant chaque départ, en reprenant chaque fiche une par une et en se posant la question "Ai-je une bonne raison d'aller voir ce client?"; toute réponse positive entraîne automatiquement l'intégration de la fiche dans le planning de la tournée.

Notons à ce propos que les fiches auront intérêt à être classées non par ordre alphabétique mais par tournées géographiques: on évite ainsi cette gymnastique longue et fastidieuse consistant à suivre d'une main l'itinéraire sur la carte et de l'autre à sortir les fiches correspondantes de la boîte où elles sont rangées. De plus, on limite les risques d'oubli au cas où notre carte ne serait pas à jour, au plan du repérage des clients et prospects.

Bien sûr, cela suppose de grandes qualités d'ordre de la part du vendeur qui, en aucun cas, ne doit laisser ses fiches traîner de-ci et de là, en particulier dans sa voiture. Dès qu'il réintègre cette dernière, il note ce qui est nécessaire – si ce n'est déjà fait en présence du client – et il range immédiatement la fiche à sa place, dans la tournée correspondante. Ainsi, la semaine ou le mois suivant, lorsque sera revenu le moment de refaire la même tournée, toutes les fiches correspondantes se retrouveront-elles comme par enchantement dans la main du représentant.

Une question qui a fait couler beaucoup d'encre ou dépenser beaucoup de salive est celle de savoir s'il faut ou non intégrer dans le fichier les fiches prospects la plupart du temps très embryonnaires (on a souvent seulement un nom et une adresse) ou si, au contraire, l'intérêt est d'avoir deux fichiers distincts, l'un pour les clients et l'autre pour les prospects. En ce qui nous concerne, notre avis est très tranché: un seul fichier dans lequel figurent aussi tous les prospects repérés par le vendeur est la seule solution pour ne pas oublier ces derniers. Ce faisant, le fichier devient la mauvaise conscience de ceux qui n'aiment guère la prospection. S'ils sont nombreux dans ce cas, ce ne sont bien sûr pas des vendeurs qui souhaitent vendre mieux.

L'autre utilité capitale du fichier est la détermination des objectifs. Un fichier réellement opérationnel constitue une mine d'or au niveau des renseignements divers qu'il contient. Grâce à lui, on peut élaborer toutes sortes de statistiques à partir desquelles se réfléchira la stratégie au plan du secteur, stratégie qui se traduira sans autre retard par des objectifs en bonne et due forme.

Ainsi le vendeur peut-il constater que, contrairement à ce qu'il pensait intuitivement, son portefeuille prospects est particulièrement pauvre; ce qui entraîne *ipso facto* une recherche intensive dans ce sens et une augmentation des visites chez les clients potentiels jamais rencontrés au jour de cet examen de conscience. Il peut aussi s'apercevoir que certains prospects ont été vus dix ou douze fois sans résultat palpable, cette constatation l'amenant soit à les abandonner froidement s'il considère objectivement s'être trompé de cible, soit à repenser sa tactique chez chacun d'eux.

De même, l'étude statistique du fichier permet de faire apparaître les créneaux de clientèle visitée couramment, de constater que l'on ronronne confortablement dans la tradition et qu'il n'est fait aucun effort d'innovation pour trouver de nouveaux débouchés et prévenir ainsi la saturation du marché habituel. Vendre mieux c'est penser l'avenir, sans attendre qu'une catastrophe survienne pour prendre les mesures qui, préventivement, auraient permis de l'éviter. L'actualité fourmille d'exemples de cette absence d'anticipation et il n'est aucun jour où l'on ne constate les effets désastreux de manque de prévision. Heureusement, nombreux sont les commerciaux qui ne tombent pas dans ce travers et, à l'approche de 1992, espérons qu'ils seront encore plus nombreux.

LE FICHIER RENFORCE L'IMAGE DE MARQUE DU VENDEUR

Combien, trop souvent, nous a-t-il été donné d'accompagner des représentants qui entraient chez leurs clients les mains dans les poches, le mot n'est pas trop fort. Nous en avons été d'autant plus choqués que, par déformation professionnelle, nous sommes évidemment très puristes. Le malheur est que nous savons aussi par expérience que nombre de clients sont également étonnés de cette "décontraction" qui se veut, en général, sympathique mais apparaît, en fait, comme pure désinvolture.

Se présenter devant le client, la fiche à la main, prouve déjà à ce dernier que c'est bien lui qu'on a choisi de voir et qu'on n'est pas entré "Dire un petit bonjour parce qu'il y avait de la lumière". Même le client le plus ours est sensible à toutes les marques de courtoisie: l'impression que la visite est volontaire, a été préparée et a un objectif précis, en est une. Nul client, nul prospect n'y restera insensible.

En voyant la fiche dans la main du vendeur, le client est en droit de penser que celui-ci en a pris connaissance avant d'entrer et qu'il est donc parfaitement au courant de ses caractéristiques, ses besoins, ses problèmes. Ainsi a-t-il l'impression que l'entretien qui va suivre sera véritablement personnalisé et échappera, de ce fait, aux poncifs, discussions stéréotypées et autres considérations oiseuses sur tous sujets d'ordre général. Il n'en sera donc que plus réceptif, ce qui n'est pas le moindre des atouts pour le vendeur.

Et, si l'entretien est aussi constructif qu'il l'espérait, le client sera totalement prêt à coopérer en tous points. D'abord, il fournira certains renseignements précieux pour le vendeur: projets, positions de la concurrence, relations avec les confrères, etc. Il faut, bien sûr, un certain climat de confiance pour que les confidences surgissent, ce climat dépendant beaucoup de l'image de marque du vendeur, du sérieux qu'il dégage, notamment par ses attitudes et sa manière de faire. Ensuite, il augmentera peu à peu le volume de ses commandes et élargira la gamme des produits qu'il suit chez nous. La confiance, en l'espèce, est mère de prospérité; on ne donne qu'aux riches et on ne se fie qu'aux gens apparemment sérieux.

Loin de donner, comme certains le pensent – à tort bien entendu –, une impression inquisitoire, la fiche impose l'image d'un professionnel sérieux arrivant chez son client avec ses outils de travail. De même qu'on n'imagine pas un menuisier sans son mètre ou un photographe sans sa cellule photo-électrique, on ne conçoit guère un représentant sans sa fiche client, assortie de préférence du dossier correspondant. Tout spécialiste se doit de produire ostensiblement le ou les instruments lui permettant d'exercer correctement son art. Le vendeur est un spécialiste et il doit le démontrer aussi souvent et de façon aussi spectaculaire que possible.

L'ORGANISATION PERSONNELLE DU VENDEUR

Par nature, le métier de vendeur est marqué du sceau de l'improvisation et de la variété. Tiré constamment à hue et à dia, sollicité en permanence de tous côtés par l'aval et l'amont, le représentant ne peut se retrouver qu'au travers d'une organisation personnelle drastique. Toute sa vie, personnelle et privée, doit s'orchestrer en fonction de son efficacité professionnelle; non qu'il lui soit demandé de sacrifier l'une à l'autre mais, bien au contraire, de structurer l'une pour préserver l'autre et vice versa. En fait, le vendeur qui veut vendre mieux s'arrange pour équilibrer harmonieusement le temps qu'il consacre à son métier et celui qu'il accorde à sa famille et, de manière plus générale, à son entourage.

PREMIER PRÉCEPTE

Le premier précepte est d'utiliser tous les temps morts pour accomplir les tâches administratives. Nous l'avons vu, la fiche se met à jour dans la voiture dès que l'on a quitté le client (si on n'a pu le faire en sa présence) et les documents gagnent ou regagnent leur place sans tarder dans le dossier correspondant. Le travail restant à faire pour compléter fiches et documents divers n'en sera que plus aisé, d'où un gain de temps indéniable.

De même, le vendeur aura intérêt à grignoter de précieuses minutes en toutes circonstances au lieu de les dilapider, "bêtement". Ainsi, pourquoi passer deux heures à table alors qu'on peut déjeuner en trois quarts d'heure ou une heure et s'accorder autant de temps pour les tâches administratives avant de reprendre la route? Pourquoi, le soir à l'hôtel, rester béatement devant la télévision si le programme ne présente aucun intérêt? Pourquoi perdre son temps, toujours à l'hôtel, en dialogues stériles avec des gens sans intérêt?

Vous devez penser que notre idée est de faire du vendeur un véritable forçat enchaîné à la tâche vingt-quatre heures sur vingt-quatre. Il n'en est évidemment rien. Bien sûr, le représentant peut s'attarder exceptionnellement au restaurant pour savourer une spécialité culinaire et prendre le temps de la digérer; bien sûr, il serait idiot qu'il se privât d'un excellent film que les circonstances ne lui avaient jusque là pas permis de voir; bien sûr aussi, il peut rencontrer dans les hôtels de gens très intéressants eu égard soit à leur culture, soit à leurs relations et que, dans l'un et l'autre cas, une conversation avec eux représente un excellent investissement... Si nous sommes parfaitement convaincus que le vendeur doit savoir intelligemment s'autoriser ces instants de détente, soupape indispensable pour faire tomber la pression à laquelle il est soumis en permanence, nous le sommes aussi de la nécessité d'éviter les pertes de temps gratuites qu'on ne rattrapera jamais, sauf au détriment des très nécessaires moments de repos. C'est là, autant affaire d'organisation que de discipline personnelle et force est d'avouer que cette dernière est aussi difficile à respecter de façon continuelle que la première est contraignante dans son élaboration.

C'est une raison de plus pour s'y astreindre avec la plus extrême pugnacité.

Le second précepte est celui de ne jamais s'organiser pour l'exceptionnel mais seulement pour le courant, le quotidien. Ce dernier engendre des tâches répétitives que l'on a tout intérêt à simplifier et planifier de manière astucieuse. Ainsi, elles pèseront moins lourd dans l'emploi du temps dans lequel elles s'inscriront aisément en vertu du précepte précédent.

Mais qu'on ne s'y trompe pas, il ne s'agit pas de repousser d'un pied méprisant la recherche de solutions aux problèmes particuliers pouvant surgir de façon fortuite et selon une périodicité très longue.

Simplement, ces solutions restent dans un carton, prêtes à sortir en cas de besoin. Elles ne font pas partie de l'organisation au quotidien et sont donc pas inscrites au planning de chaque journée.

Prenons un exemple pour plus de clarté. Dans nombre d'entreprises, les représentants reçoivent le double des bons de livraison. Ceux qui vendent mieux les rapprochent sans tarder des bons de commande correspondants afin de prendre immédiatement toutes mesures qui s'imposent: envoi d'un nouveau bon de commande pour les articles non livrés ou information du client si la rupture de stock risque d'être longue (avec éventuellement proposition d'un produit de remplacement). Il s'agit là d'une manœuvre qui doit se faire au jour le jour et pour laquelle le vendeur doit prévoir le moment favorable pour sa réalisation et la manière dont il procédera.

Par contre la défaillance d'un produit, toujours imprévisible (du moins peut-on le souhaiter), ne fera pas l'objet des préoccupations quotidiennes du vendeur. Celui-ci a prévu ce qu'il convient de faire en semblable occasion mais il attend l'hypothétique incident pour intervenir. Il ne prévoit aucune procédure quotidienne de contrôle de la chose. Toujours prêt à y faire face, le vendeur n'anticipe jamais l'événement imprévu.

TROISIÈME PRÉCEPTE

Le troisième précepte c'est, pour le vendeur, préparer son emploi du temps et le respecter coûte que coûte. Nous avons longuement parlé du fichier, outil permanent du vendeur; nous lui avons associé son nécessaire complément, le dossier-client; nous n'avons qu'évoqué, en filigrane le planning. Généralement matérialisé par un agenda permettant de noter jour par jour, heure par heure, rendez-vous, visites à faire, coups de téléphone à donner, lettres à écrire, tâches à accomplir, c'est l'instrument simple qui donne le moyen de concrétiser la stratégie quotidienne. L'agenda doit être en permanence dans la main droite du vendeur si la fiche est dans la gauche ou vice versa, selon les goûts et habitudes.

Il s'agit là, bien entendu, d'un aphorisme pour symboliser de façon imagée l'importance de fonctionner au plus près, selon le plan de campagne soigneusement pensé préalablement dans le silence. L'improvisation ne peut et ne doit, en aucun cas, faire office de méthodologie pour le vendeur. Tout est rigoureusement planifié dans sa tête et sur son agenda. Seule une urgence unique et tout à fait exceptionnelle – les superlatifs employés ici le sont bien évidemment à dessein – peut justifier une entorse au programme mûrement réfléchi à l'avance. Sinon, pourquoi avoir pris la peine de mettre celui-ci en forme? C'eût été un temps perdu considérable.

Sans emploi du temps strict, aucun responsable – le vendeur est celui de son secteur – ne peut prétendre à l'efficacité. Faute de celui-ci, il évolue en permanence dans le flou artistique le plus complet ce qui, bien entendu, est tout le contraire du but recherché au plan de l'efficience. Toute position clairement repérée à l'avance, même si elle n'est finalement pas occupée par suite des circonstances, présente au moins le mérite de sous-tendre une stratégie dont les effets seront toujours plus bénéfiques que le "on verra bien". On ne peut prévoir sans garde-fous contre lesquels on pourra toujours s'appuyer quoi qu'il se passe. Il est toujours préférable de faire des entorses à un emploi du temps que de n'en pas avoir, l'équilibre étant toujours plus facile à retrouver dans le premier cas que dans le second; et à jouer continuellement les équilibristes, on risque la chute à tout moment.

QUATRIÈME PRÉCEPTE

Le quatrième précepte est, pour le représentant, de repérer des points de chute longuement à l'avance. Nous entendons par là restaurants et hôtels. Sans cette précaution, que certains pourraient *a posteriori* considérer comme bassement matérialiste, que de temps perdu! Le vendeur itinérant perçoit des indemnités de repas et d'hébergement toujours forfaitaires, son intérêt bien conçu est donc de ne fréquenter que des établissements dont les tarifs se situent dans les limites correspondantes. Cela suppose deux choses: bien connaître lesdits tarifs et être parfaitement au courant des jours de fermeture.
En fait, il s'agit pour le voyageur de posséder un carnet d'adresses complet et à jour de tous les restaurants et hôtels fréquentables dans son secteur (par fréquentables, nous entendons ceux qui offrent une table et/ou un confort nécessaires et suffisants pour un débours compatible avec

les indemnités allouées par l'entreprise). L'expérience prouve que de semblables endroits existent, encore faut-il les avoir repérés si l'on ne veut pas avoir de mauvaises surprises en descendant n'importe où, pour gagner du temps ou par paresse.

Cela peut vous sembler un détail à la limite un peu sordide, mais nous avons nous-mêmes, accompagnant des représentants sur le terrain, trop erré à la recherche d'un déjeuner "chic et pas cher" ou d'un hôtel où l'on peut passer une nuit sans insomnie sans pour autant se faire "assassiner" au moment de l'addition, pour ne pas vous sensibiliser à cet aspect de l'organisation personnelle tout à fait essentiel dans les faits.

Le représentant qui désire vendre mieux possède un bon carnet d'adresses de gîtes accueillants et peu onéreux; il y gagne beaucoup de temps et s'épargne également une fatigue inutile.

CINQUIÈME PRÉCEPTE

Le cinquième précepte est, pour le représentant, d'avoir un véhicule en parfait état. Qu'il appartienne à l'entreprise ou au vendeur lui-même, le véhicule utilisé chaque jour doit être entretenu avec le plus grand soin, pas seulement pour lui maintenir une valeur marchande correcte au moment de la revente, mais aussi et surtout pour limiter les pannes éventuelles. Une voiture qui refuse de démarrer le matin ou qui est sujette à une panne intempestive sur la route, peut entraîner une inactivité allant d'une simple matinée à plusieurs jours, avec tout ce que cela représente de négatif au plan du planning et, par là-même, de déception de la part de la clientèle et de perte sèche au niveau du chiffre d'affaires.

Trop nombreux sont ceux qui considèrent que "tant que cela roule, pourquoi faire des frais". En cela comme en tout autre domaine, mieux vaut prévenir que guérir. Une opération d'entretien préventive sur un véhicule prend généralement moins de temps qu'une réparation ou pire encore, un dépannage sur l'autoroute ou en rase campagne. Là encore, la recommandation peut sembler quelque peu superfétatoire et pourtant... regardez attentivement ce qui se passe autour de vous, et notamment dans votre univers professionnel, vous serez étonné de ce que vous découvrirez.

SIXIÈME PRÉCEPTE

Le sixième précepte du vendeur qui vend mieux est de posséder une "musette" complète. Tout comme le médecin détient une trousse, le plombier une caisse à outils, le vendeur itinérant a ce que nous appelons une musette, celle-ci pouvant pratiquement se concrétiser par une serviette en cuir ou un attaché-case. Peu importe le contenant si le contenu est là. En quoi consiste donc ce dernier?
Il y a tout d'abord les documents de travail de base:
– tarifs;
– carnet de bons de commande;
– catalogue des produits;
– imprimés pour les réclamations.

Il va sans dire que ces divers "outils" doivent être en parfait état d'utilisation: le tarif et le catalogue sont continuellement mis à jour, le carnet de commandes comporte suffisamment d'imprimés vierges. L'effet est toujours des plus négatifs sur le client lorsqu'il n'en est pas ainsi et, le vendeur passe pour un parfait dilettante lorsque ce n'est pas pour un pur fumiste.

Dans la musette on trouve aussi, bien sûr, les documents propres au client à qui l'on rend visite c'est-à-dire en fait, la fiche et le dossier. Nous avons précédemment assez parlé de ces deux instruments pour nous autoriser à seulement les citer à cet endroit.

Il s'agit aussi de ne pas oublier les outils – c'est le terme propre qui s'applique à eux – nécessaires au voyageur pour faire correctement son travail et en premier, ceux communs à tous vendeurs quels que soient les produits qu'ils proposent: stylo à bille; calculette; papier blanc, etc.

Il en est d'autres, plus ou tout à fait spécifiques au produit: du mètre à ruban au voltmètre en passant par le cutter, le tournevis, etc. Au même titre qu'on ne peut concevoir un médecin démuni de stéthoscope ou de sphigmomanomètre, on n'imagine pas un vendeur incapable de prendre sur le champ une mesure faute d'avoir sous la main l'instrument approprié (si celui-ci est aisément transportable évidemment). Là encore, il est clair que ces instruments doivent être, en permanence, opérationnels; la médiocrité en l'espèce est tout bonnement intolérable et ne saurait être acceptée par les intéressés eux-mêmes.

Autre élément essentiel du contenu de la musette du représentant: les échantillons (s'il en existe bien évidemment). L'expérience prouve que les laisser dans la voiture et aller les chercher "à la demande" est toujours du plus mauvais effet. Plus grave encore, il s'ensuit inévitablement une rupture au plan de la communication qu'il est souvent difficile de compenser. Le courant qui cesse de passer pendant un temps plus ou moins long provoque inexorablement une chute de la tension qui, quels que soient les efforts déployés par la suite, reviendra rarement à son niveau initial. Combien d'entretiens, pourtant bien engagés, avons-nous vu capoter à cause de ce simple fait.

Dans le droit fil de ce qui précède, on peut évoquer également les cadeaux d'entreprise. Même s'ils se font plus exceptionnels d'année en année, il en est encore distribué un nombre non négligeable. De toute façon, un présent n'a pas la même valeur selon la manière dont le bénéficiaire le reçoit: il est d'autant plus apprécié s'il apparaît comme une faveur particulière, ce qui est toujours le cas lorsqu'il est remis personnellement par le vendeur, accompagné d'un discours adapté à la circonstance.

Enfin, nous ferons une place à part à la documentation devant être distribuée. Il peut s'agir d'encarts publicitaires, de fiches techniques, d'extraits de presse et de bien d'autres documents relatifs à la technologie sous-tendant le ou les produits proposés par le vendeur. Ce dernier, ne pouvant matériellement emporter l'ensemble des documents qu'il possède par ailleurs, ne retiendra que ceux directement en rapport avec son objectif de visite. Ceux-là seront impérativement dans sa musette et préparés avant d'être remis c'est-à-dire: passages importants surlignés ou soulignés, nom du destinataire indiqué en haut et à droite, cachet de l'entreprise apposé à l'endroit le plus approprié. Là encore, mieux vaut éviter d'interrompre l'entretien pour aller récupérer la documentation en cause dans la voiture. Toutefois, à l'impossible nul n'est tenu. Cette démarche sera effectuée sans l'ombre d'une hésitation chaque fois qu'il apparaîtra de bonne politique de doter le client de tel ou tel document, pas prévu au départ, mais dont l'utilité s'est fait sentir au cours de l'entretien. Ce qui est fait n'est plus à faire: une interruption momentanée de l'image et du son demeure préférable à la lecture en différé d'une documentation envoyée *a posteriori* par le vendeur que de ce fait, il n'aura pas eu le loisir de commenter personnellement.

Chapitre 5
Vendre mieux, c'est se former et se perfectionner

Lecteur de cet ouvrage, vous êtes, par définition, déjà convaincu de la nécessité de la formation permanente du vendeur, sinon vous auriez plutôt acheté un roman (policier ou non). Nous espérons que les pages qui précèdent auront, au moins en partie, répondu à votre soif de savoir mais, elles ne représentent qu'une étape dans votre quête. Il existe encore une infinité de moyens qui vous permettront d'être toujours plus performant, toujours plus efficient, de vendre toujours mieux et donc de vendre plus. Nous allons essayer dans ce chapitre de vous présenter quelques-uns de ces moyens et surtout, de vous en fournir le mode d'emploi.

LES MOYENS INDIVIDUELS DE FORMATION ET/OU DE PERFECTIONNEMENT

Au début il y avait le livre et on ne parlait pas encore de supports audiovisuels, d'enseignement programmé ou semi-programmé... de machines à enseigner. Le livre est toujours là, bien présent et demeure, contre vents et marées, l'un des moyens les plus répandus au plan de la formation et du perfectionnement, d'abord parce que c'est, sans contexte, le moyen le plus commode qui soit.

On peut l'emporter partout, l'avoir continuellement à portée de la main. Il n'est besoin pour s'en servir que de voir clair. Mis à part une source de lumière qui peut être celle du ciel tout simplement, nul appareillage, nul accessoire ne sont nécessaires pour utiliser le livre. Il se suffit strictement à lui-même.

Plus grande souplesse d'emploi semble difficile à atteindre: on peut, le moment venu et selon le temps dont on dispose, lire dix lignes ou dix pages, le refermer à nouveau; cela est d'autant plus facile que l'on peut, à volonté et sans longues et délicates manipulations, revenir en arrière.

Le livre autorise aussi la notation de toutes remarques, exemples ou anecdotes suggérés par tel mot ou telle phrase: les marges semblent conçues pour cet usage. Certes on hésite souvent à procéder à cet acte car inconsciemment, il paraît sacrilège à tous les gens respectueux de la chose écrite. Le livre est respectable et beaucoup le manipulent comme tel mais, ce qui est peut-être vrai pour un roman ou un recueil de poèmes, l'est beaucoup moins pour un ouvrage comme celui que vous lisez en ce moment puisqu'il se veut un outil de travail. Toutes les idées qu'il vous inspire – nous souhaitons que ce soit bien le cas – s'envoleront si vous ne les notez ici. Et dans le cas contraire, ce sera tout à fait dommage; sans doute le regretterez-vous un jour.

Enfin, quoi qu'on en dise, le livre reste un moyen de culture financièrement abordable. Si nombre d'ouvrages sont édités dans une présentation luxueuse, d'autres le sont sous une forme plus rustique à un prix infiniment moindre. Tous les éditeurs proposent au moins une collection de livres intéressants pour lecteurs affamés mais aux revenus modestes. Qui veut lire le peut, sans mettre en péril le budget familial. Cette remarque est d'autant plus aiguë que l'emploi du livre comme moyen de perfectionnement suppose l'acquisition d'un nombre non négligeable d'ouvrages. On trouvera rarement dans un seul livre la réponse à toutes les questions qu'on se pose sur un sujet donné; il faudra dans la majorité des cas plusieurs livres, qu'ils soient du même auteur ou de rédacteurs différents, les thèmes restés un peu dans l'ombre ou insuffisamment développés nous poussant à chercher ailleurs le complément et à lire encore et toujours.

Proche du livre en tant que moyen de formation, existe la presse. Son avantage essentiel est sans aucun doute son coût plus modeste que celui du livre et ce, d'autant plus qu'on peut bien souvent s'en assurer la gratuité. Le représentant trouve fréquemment sur son chemin à lire journaux et revues: au restaurant, à l'hôtel, dans les salles d'attente (y compris celle de son médecin ou de son dentiste). Il n'est pas rare non plus que l'entreprise soit abonnée à plusieurs publications, le vendeur a donc toute latitude pour les consulter lorsqu'il se rend au Siège.

Certains magazines, fort intéressants mais chers, gagnent à être acquis sous forme d'un abonnement: le prix du numéro est alors moins élevé qu'en kiosque ou chez le libraire, les numéros spéciaux étant généralement au même prix voire gratuits. Et puis, chacun des membres de l'équipe peut s'abonner à une revue différente et l'échanger régulièrement avec les collègues. A celui qui a la ferme volonté de s'instruire, il n'est pas de véritables obstacles et, lorsque plusieurs sont dans les mêmes dispositions d'esprit...

Le support audiovisuel gagne chaque jour du terrain dans tous les domaines de la vie quotidienne. Pourquoi en irait-il différemment dans celui de la formation et du perfectionnement? Il faut pourtant s'avouer, qu'à ce niveau, la progression de son usage est peu spectaculaire, pour ne pas dire embryonnaire. Si comme nous le verrons plus loin, le son et l'image associés ou non sont d'usage courant et depuis longtemps déjà dans les réunions, ils demeurent peu usités en matière de formation individuelle (l'apprentissage des langues mis à part). Il y a à cela deux raisons essentielles, l'une technique, l'autre commerciale. La raison technique est que le support audiovisuel réclame toujours, pour être utilisable, du matériel plus ou moins onéreux, plus ou moins encombrant; cela constitue incontestablement un frein pour un usage courant.

Ce handicap disparaîtrait facilement – on trouve toujours une solution technique dès lors qu'on s'en donne la peine – s'il n'y avait une raison commerciale. Le prix de revient d'un support audiovisuel de bonne qualité demeure toujours assez élevé. Par ailleurs, peu de vendeurs étant volontaires pour l'acquérir avec leurs propres deniers et la majorité des entreprises jouant surtout la carte de la formation collective, le marché pour un tel produit risque d'être très étroit, sa rentabilité ne pouvant être atteinte qu'au travers d'un prix de vente prohibitif (CQFD).

Il existe pourtant un moyen terme: les enseignements semi-programmés écrits et illustrés. S'ils sont peu nombreux sur le marché, ils sont en tous points remarquables et d'une grande efficacité au plan des résultats obtenus par les "élèves sérieux". Le principe général en est simple; un exposé suivi soit d'une question, soit d'un item en blanc à découvrir. La lecture devient ici une opération éminemment active; impossible de répondre à la question ou de découvrir le mot caché si l'on n'a pas accordé une attention soutenue au texte qui précédait. Opération active également dans le fait que le lecteur s'approprie la notion, objet de la question ou de l'item: il en fait en quelque sorte la découverte par l'intérieur et l'intègre ainsi plus facilement et surtout, plus profondément.

Il ne nous appartient pas de préconiser ici tel ou tel ouvrage, non plus que d'en dresser une liste qui, de toute façon, risquerait d'être incomplète. Nous ne pouvons que vous engager à vous rendre dans une librairie et à faire vous-même votre quête. Prenez votre temps pour choisir, faites une rapide simulation pour vous assurer que l'ouvrage correspond totalement à vos attentes, que vous "le sentez bien" et qu'il s'intègre bien dans le plan de formation et de perfectionnement que vous vous êtes fixé. Nous reviendrons un peu plus longuement sur ce point.

LES MOYENS SEMI-INDIVIDUELS DE FORMATION ET DE PERFECTIONNEMENT

Par moyens semi-individuels, voici ce que nous entendons. Ceux que l'on choisit soi-même, auxquels on souscrit personnellement et dans lesquels ne sont pas impliqués nos collègues, sont seulement des moyens individuels. Toutefois si en plus, l'enseignement correspondant est reçu soit au travers d'un professeur en leçons particulières, soit dans le cadre d'un groupe dont on ne connaît au départ aucun des membres, ceux-ci pouvant d'ailleurs venir d'horizons fort différents, il s'agit de moyens semi-individuels. Avec les moyens individuels envisagés précédemment, on est totalement livré à soi-même, sans appui autre que le document. Avec les moyens semi-individuels, on travaille avec l'aide d'un spécialiste ou au sein d'un groupe. Examinons maintenant plus en détail ces deux cas de figure.

LES ÉCOLES

Les établissements qui dispensent un enseignement gratuit moyennant seulement un modeste abonnement ne manquent pas et ce, dans tous les domaines. De l'enseignement par correspondance aux cours du soir, les possibilités sont innombrables. Qui prétend n'en avoir pas trouvé est semblable à celui qui dit ne pas avoir le temps de faire du sport. Dans un cas comme dans l'autre, tout est affaire de motivation. Il faut vouloir pour trouver, faute de cette volonté, il est clair qu'on n'arrive à rien.

Il y a d'abord les établissements d'enseignement par correspondance. Leur incontestable avantage est la souplesse. On peut étudier chez soi, au restaurant ou à l'hôtel. Le lieu et l'heure sont choisis par l'élève en fonction de ses disponibilités. Il n'y a aucune contrainte sauf celle de l'étude volontaire que l'on s'impose si l'on souhaite aller jusqu'au bout. Le contrôle des acquis se matérialise par des devoirs corrigés par des spécialistes. Le programme est conçu de telle façon que, si le niveau de départ est suffisant et les "leçons" apprises très sérieusement de bout en bout, il est possible pour finir de se présenter à un examen reconnu et donnant droit à un diplôme d'Etat. Cela en dit long sur le contenu même de ces enseignements.

Il existe aussi de nombreux cours destinés aux salariés désireux d'augmenter leur bagage, cours auxquels il est possible d'assister le soir ou le samedi. Pour beaucoup, cette formule est très nettement plus efficace que l'enseignement par correspondance. On s'y trouve sous "l'œil du maître", les devoirs sont rendus de la main à la main, commentés par lui. On est, ainsi, moins tenté de remettre au lendemain...

En revanche le vendeur itinérant, malgré une très grande richesse des possibilités de planning proposées par ces organismes, peut avoir quelques difficultés à assister à l'intégralité des cours. Son propre emploi du temps commande et prend évidemment le pas sur sa pourtant bien légitime et honorable préoccupation de perfectionnement, ce qui peut s'avérer, à la longue, très préjudiciable à l'acquisition de connaissances ou d'une méthodologie complète. Ce choix n'est pas toujours aisé, mais doit être réfléchi longuement avant l'engagement dans une voie ou une autre.

LES STAGES INTERENTREPRISE

Juste équilibre entre les deux formules précédentes, le stage interentreprise autorise une inscription individuelle tout en assurant un travail collectif. Force est de reconnaître que cette forme de stage qui a eu dans le temps un très grand succès, connaît un très net déclin ces dernières années. Il en reste néanmoins un nombre suffisant pour que celui que vous découvrirez ne relève pas des coulisses de l'exploit. Sachez pourtant qu'il vous faudra faire un minimum de recherches: consultation des petites annonces et quelques coups de téléphone seront nécessaires, sans omettre les propositions parvenues directement à votre entreprise dont on voit mal pourquoi vous ne pourriez avoir communication si vous le sollicitez.
Les avantages du stage interentreprise sont pourtant nombreux. Le premier sans aucun doute est le choix sans contrainte de son thème. Nous le verrons plus loin, l'entreprise peut décider d'organiser tel ou tel séminaire sur un sujet bien défini qui n'intéresse pas forcément l'ensemble du groupe. Mais en l'occurrence, comme c'est le fait du Prince, il est à prendre mais difficilement à laisser, sous peine d'être mal considéré. Au plan du stage interentreprise, c'est l'intéressé lui-même qui choisit sa matière. Il lui est ainsi loisible de l'intégrer dans le programme de perfectionnement qu'il a délibérément et longuement élaboré. L'autre avantage non négligeable est l'opportunité de ren-

contrer des confrères venant de tous les horizons. La confrontation d'expériences différentes mais complémentaires ne peut, on le conçoit sans peine, qu'être extrêmement enrichissante. On a ainsi la possibilité de conforter certaines idées, certains comportements ou au contraire, en infirmer d'autres et ainsi mettre en œuvre des actions correctives. Il est toujours profitable de quitter son jardin de temps en temps pour voir ce qui pousse dans celui des autres.

Le troisième avantage est la possibilité de s'extraire du quotidien, de prendre un peu de recul et de raisonner, plus en termes de méthodes que de tâches journalières. La routine nous crée des œillères nous empêchant de voir plus loin que le prochain client à visiter, que le programme de la journée ou de la semaine. Elle ne nous permet plus, comme disait un humoriste, de nous mettre à la fenêtre pour nous regarder marcher dans la rue. Autrement énoncée, la routine nous gêne pour prendre périodiquement quelque hauteur par rapport à notre activité courante et ainsi détecter les mauvaises habitudes prises, les comportements inadaptés, les attitudes négatives. Le stage interentreprise peut être l'un de ces instants privilégiés.

Bien sûr, il existe deux inconvénients majeurs: l'un bassement matériel, l'autre d'ordre psychologique.

L'inconvénient matériel, c'est tout bonnement le coût. Certains stages, de haute volée donc de grand profit, coûtent fort cher; surtout si l'entreprise ne peut ou ne veut les prendre en charge. Ce peut être évidemment un frein, voire un obstacle infranchissable pour qui n'en a pas les moyens. Sachez néanmoins qu'il existe d'excellents séminaires à un prix raisonnable sans pour autant que la qualité en pâtisse.

L'inconvénient psychologique réside dans la nécessaire adaptation que chacun doit faire par lui-même des idées brassées tout au long du stage. Le programme de ce dernier a forcément un aspect généraliste et ne peut correspondre de façon pointue aux préoccupations particulières de chacun des participants. Il appartient à chacun d'eux d'extrapoler tout ce qui est dit par l'animateur et les stagiaires à son cas personnel. Au demeurant, cette nécessité constitue une excellente gymnastique intellectuelle. Pas question de "ronronner le dos au radiateur" en se disant qu'on pourra lire, à l'occasion, les résumés qui auront été distribués: ceux-ci ne contiendront pas le compte rendu des échanges entre participants, échanges qui représentent en fait la "substantifique moelle" de la réunion. En un certain sens, tout commence dès que le groupe s'est dissous mais, quelle moisson généralement engrangée!!!

LES ACCOMPAGNEMENTS SUR LE TERRAIN

Les occasions de sorties sur le terrain accompagné sont monnaie courante dans énormément d'entreprises. Le "guide" peut être un membre de l'entreprise – supérieur hiérarchique ou collègue – ou un collègue travaillant pour le compte d'un fournisseur ou d'un client, voire même un confrère. Examinons un à un ces différents cas de figure, chacun ayant incontestablement un aspect formateur mais dans un style sensiblement nuancé de l'un à l'autre.

SORTIE TERRAIN AVEC LE RESPONSABLE HIÉRARCHIQUE

L'aspect formateur de la manœuvre est très clairement avoué. Il s'agit en fait d'un examen critique commun et le plus objectif possible pour cerner les points forts et les aspects à améliorer au plan de l'efficience du vendeur. Mais le constat est une chose, son exploitation dynamique en est une autre. Mettre en évidence une carence ne sert à rien si l'on en reste là: il est essentiel d'imaginer comment pallier le manque et se fixer un programme d'actions correctives destinées à le faire disparaître.

Le vendeur qui veut vendre mieux sait tenir compte des remarques qui lui sont faites par son responsable. Mieux même, il sait s'autocritiquer et c'est là un facteur de progrès dont beaucoup ne mesurent pas suffisamment tout l'intérêt. Quel que soit le degré d'estime porté à son chef, quelque opinion qu'on puisse avoir sur sa compétence en tant que responsable et en tant que vendeur, rien de ce qu'il peut dire n'est totalement dénué de vérité. Même si l'on doute de son objectivité, ses "critiques" sont une occasion de nous interroger sur notre manière de faire. Même déformant, un miroir reste un miroir dont on n'a jamais intérêt à négliger en bloc le reflet, il en est fréquemment aussi des morceaux, ô combien fidèles.

Dans les équipes constructives, ces tournées à deux donnent lieu à la mise à jour que nous appelons, nous, programme de formation personnelle. Pour être réellement efficient, le vendeur doit maîtriser certaines attitudes, certaines méthodes et accomplir certaines tâches sans faute ou, au moins, avec un très faible pourcentage d'erreurs. Mais nul n'est parfait, nul n'est doué en tout: on peut être un bon littérateur ou un bon mathématicien, on est rarement les deux à la fois... ou on s'appelle Albert Einstein, si l'on excelle en tout! Le vendeur n'échappe pas à la règle. Il est forcément plus performant dans certains domaines de son métier que dans d'autres, il a donc des points forts et des points moins forts.

Il est en outre indispensable de tenir compte du fait que le vendeur est aussi un homme susceptible de fatigue physique et intellectuelle, perméable au doute et parfois au découragement. Ses résultats s'en trouveront forcément affectés et, ce qui faisait sa force devient soudain inefficace. Tel qui manageait de main de maître ses entretiens se laisse maintenant manipuler par ses interlocuteurs. Tel qui organisait ses tournées avec un soin scrupuleux se met soudain à sautiller d'un bout de son secteur à l'autre sans aucune raison. Phénomène évidemment insidieux qui se développe lentement dans le temps mais qui amène, inexorablement, à constater un beau jour que le vendeur n'est plus "dans le coup".

Le programme de formation personnelle évite de laisser les points faibles naturels se perpétuer et permet de détecter les baisses de régime, avant que les uns et les autres ne deviennent chroniques. Dans la majorité des cas, une maladie ne devient réellement grave et irréversible que si le traitement est trop tardif. Un point faible chez un vendeur devient réellement un vrai handicap si on ne le détecte pas et si on ne prend pas, dans les plus brefs délais, les mesures correctives qui s'imposent.

Il ne servirait à rien de constater pour en rester là; il n'en ressortirait qu'amertume et, pis encore, renoncement. Le but du PFP (programme de formation personnelle) est tout l'opposé: voir et agir. Voir ce qui ne va pas pour mettre en œuvre des actions qui feront aller (constat = action corrective), mais soyons clairs: action corrective ne veut pas dire sanction; il ne s'agit pas de distribuer généreusement avertissements et blâmes mais, tout au contraire, rassurer et aider. L'action corrective peut être aussi bien l'octroi de quelques jours de congé à un vendeur manifestement surmené que l'inscription à un stage interentreprise, le changement de son secteur ou l'intensification des sorties en tandem.

Afin que la démarche soit complète, il est essentiel de se donner un délai pour l'aboutissement de la solution corrective. Sans cette précaution on risque fort – comme le disait si bien le regretté Pierre Dac – de remettre au surlendemain ce que l'on aurait pu faire le lendemain. Magnifier ses points forts et pallier au mieux ses points faibles sont questions de volonté et affaire d'agenda.

SORTIE TERRAIN AVEC UN COLLÈGUE DE L'ÉQUIPE

Il n'est guère d'exemples où un ancien refuse de prendre sous son aile le petit nouveau. Mieux même, dans la plupart des cas il considère cela tout à fait de son devoir et comme un honneur. Bien sûr, le meilleur ouvrier n'est pas obligatoirement un bon pédagogue; il n'a pas toujours les dispositions requises pour enseigner son savoir, aussi approfondi soit-il. Pour absorber ce savoir, l'élève doit procéder par une sorte d'osmose: observer, analyser et noter. Voilà tout ce qu'il peut faire, mais, s'il le fait bien, quelle leçon incomparable.

Accompagner un collègue dans l'une de ses tournées ne doit pas se faire de manière passive en se contentant de prendre place à côté de lui et regarder ensuite, béatement, le paysage. On ne peut assister aux entretiens d'un œil et d'une oreille distraits en pensant à autre chose. Tous nos sens doivent être, bien au contraire, en alerte afin de ne laisser passer aucun détail au plan de la technique et des méthodes employées par notre guide. L'accompagnant doit être un véritable caméscope enregistrant très scrupuleusement tout ce qui se passe, tout ce qui se dit de façon à pouvoir se repasser la bande après et en étudier à la loupe chaque image.

Il se présente évidemment, dans bien des cas, des collègues prêts à répondre aux questions et surtout, tout à fait aptes à le faire de manière instructive. Il serait bien dommage de se priver de telle possibilité chaque fois qu'on la sent réalisable. Il reste seulement à poser les questions à bon escient en choisissant notamment le moment: en voiture lorsque l'esprit est en quelque sorte désœuvré, au restaurant ou à l'hôtel le soir quand, la journée finie et la pression tombée, l'esprit de l'un et de l'autre s'ouvre à la libre discussion, à bâtons rompus, comme entre amis. Il importe également que ces questions soient pertinentes donc soigneusement préparées à l'avance, celles-là mêmes qui auront été inspirées au fur et à mesure par l'observation sur le terrain.

SORTIE TERRAIN AVEC LES VENDEURS DES FOURNISSEURS

La connaissance des produits peut parfaitement s'acquérir de façon livresque, par la lecture des documentations techniques et autres modes d'emploi. Cela constitue même une indispensable démarche préparatoire à tout accompagnement terrain du vendeur d'un fournisseur. Pour se perfectionner efficacement, il faut un minimum de formation de base.

Il est cependant un aspect de la connaissance du produit où l'expérience en clientèle est des plus formatrices: celui de la mise en œuvre. Les démonstrations en laboratoire les mieux conçues et les plus complètes ne peuvent prétendre faire le tour de tous les cas de figure. Ne tenant pas compte de l'imprévisible qui, par définition, surprend tout le monde, elles tablent sur des conditions standard d'utilisation, tant au plan des matériels utilisés que de la formation des utilisateurs.

Or comme chacun le sait, l'idéal, dans le quotidien, n'existe pas: chaque cas est, en fait, un cas particulier qu'il appartient de traiter de manière spécifique. Les sorties terrain permettent d'en détecter un certain nombre et de voir, au coup par coup, comment il est possible d'y faire face judicieusement.

En toute chose rien ne remplace vraiment l'expérience personnelle. Aucune notice technique n'aura jamais la même valeur pédagogique que la démonstration à laquelle on assiste voire même à laquelle on participe, surtout si celle-ci se déroule en situation réelle. C'est là un des principes fondamentaux de la pédagogie active: l'application pratique doit suivre le plus tôt possible l'apprentissage de la théorie; et qu'il le veuille ou non, le vendeur est toujours le formateur de ses clients.

SORTIE TERRAIN AVEC LES VENDEURS DES CLIENTS

De formé, le vendeur devient à son tour formateur. Tout comme le représentant du fournisseur, son devoir autant que son intérêt est de collaborer avec des vendeurs très compétents pour la revente de ses produits. Son devoir et son intérêt toujours lui commandent donc de les aider à parfaire la connaissance des produits, de leur mise en œuvre, des conditions de garantie, du service après-vente. Convaincre un client de commander nos produits est bien mais, rien n'est fait si celui-ci les garde en stock dans ses entrepôts. La vente est une chaîne solidaire où chaque maillon doit tout faire pour pousser le produit vers le maillon suivant jusqu'au destructeur final car, seulement à ce moment-là, la pompe de la production se trouve réamorcée. Cela signifie également que chaque maillon doit faire en sorte que celui qui le suit soit totalement compétent et prêt à jouer ce rôle. Nous avons suffisamment développé le premier dans les lignes précédentes, nous développerons le second dans un autre ouvrage traitant spécifiquement des actions d'après-vente.

LES MOYENS COLLECTIFS DE FORMATION ET DE PERFECTIONNEMENT

Qu'ils prennent le nom de réunions de travail, séminaires ou congrès, ils sont toujours à l'initiative de la direction de l'entreprise. C'est elle qui décide autoritairement de convier l'ensemble de la force de vente à la réunion, qui fixe le programme des "réjouissances", le lieu où elles se dérouleront et la règle de jeu. Les vendeurs n'ont guère le loisir de refuser la courtoise invitation qui leur est ainsi faite. Ceci étant, ce genre de rassemblement est rarement négatif. Il y a toujours beaucoup à apprendre d'une confrontation de plusieurs points de vue ou de manières de faire sensiblement nuancées, chacun a ses trucs, ses astuces toujours intéressants dès lors qu'il accepte de les partager... et les autres de les écouter. Le vendeur qui veut vendre mieux est toujours à l'affût de tout ce qui lui permettra d'augmenter sa propre efficience.

Dans la majorité des cas, ces réunions sont organisées en fonction des besoins réels des participants, avec des méthodes adaptées à ces derniers et aux résultats escomptés, et font l'objet d'un suivi scrupuleux.

L'ANALYSE DES BESOINS

Il n'est de bonne réunion sans objectif précis, il n'est de bonne réunion de formation sans nécessité de combler des points faibles communs à l'ensemble de l'équipe, encore faut-il, bien entendu, connaître ces derniers et cela peut se faire au demeurant, nous l'avons vu précédemment, par le biais des accompagnements terrain. Effectué avec chacun des membres de son équipe par le responsable, le constat fait par celui-ci d'une carence de la majorité des vendeurs doit lui permettre de déclencher une action de formation ou de perfectionnement collective.

Faute de cette élémentaire précaution, on risque tout simplement soit de mobiliser toute l'équipe dans le seul réel intérêt de la plus faible partie, soit d'enfoncer des portes ouvertes soit, à l'inverse, de taper complètement à côté. Les vendeurs sont peu enclins par nature à ces réunions, surtout si elles revêtent un caractère quelque peu austère et studieux. De plus, leur temps est suffisamment précieux pour qu'ils réagissent négativement, voire abruptement, lorsqu'on le leur fait perdre dans des réunions tout à fait stériles. Si le vendeur sérieux est toujours preneur d'idées et de connaissances nouvelles, il est parfaitement sensible en revanche au temps perdu dont il sait qu'il ne se rattrape jamais.

A l'inverse, on observe aussi que certains vendeurs, à l'esprit sceptique ou tout particulièrement imbus d'eux-mêmes, rejettent de façon aveugle et systématique tout ce qui, de près ou de loin, ressemble à une mise en cause de leurs aptitudes. Par principe, ils se font une sorte de devoir de rejeter en bloc tous les thèmes qu'on leur propose d'aborder, ce rejet s'exprimant de bien des façons: plaisanteries continuelles de plus ou moins bon goût jusqu'au plus profond absentéisme mental; toutes les nuances sont possibles ainsi, avons-nous pu voir des représentants faire leur courrier pendant les réunions, préparer leur tiercé ou lire ostensiblement le journal.

Pour infirmer ce que nous venons de dire, voici un exemple plus positif. Nous nous souvenons d'un vendeur qui possédait à son actif quarante années de métier et trente années de société, société au sein de laquelle il réalisait le plus important chiffre d'affaires au plan national. Que pouvait-il espérer du séminaire auquel nous l'avions convié plus comme témoin que comme participant? Rien

128

pensions-nous pour notre part, ce n'était pas son avis et il le manifesta d'entrée de jeu en déclarant: "Si au cours de ces deux journées, je trouve un tuyau pour gagner 50 francs de plus par mois, j'estimerai ne pas avoir perdu mon temps". Pour la petite histoire, il avoua post-réunion avoir découvert cinq idées intéressantes. Etonnez-vous après cela que cet homme fût le meilleur vendeur de sa société!!! En tout cas, cela prouve que le ciblage au niveau de l'analyse des besoins avait été très bien fait par les responsables.

Le vendeur qui veut vendre mieux sait tirer parti de toutes les opportunités pour accroître son efficacité quitte à raisonner *a contrario*, à prendre le contre-pied des théories énoncées, à extrapoler à partir d'idées générales un peu éculées. Aucune expérience même négative n'étant innocente pour qui sait en tirer la leçon, cela lui semblera d'autant plus évident si on a su ressentir ses besoins, les cerner, les disséquer et les traduire en termes d'action, de formation et de perfectionnement.

LE CHOIX DES MÉTHODES

En matière de formation, plus encore qu'en tout autre domaine du vaste monde de la communication, le choix des méthodes n'est pas indifférent. Tel sujet ne peut donner lieu à discussion, tel autre au contraire ne saurait être imposé comme la vérité sortant du puits. Le premier fera l'objet d'un exposé écouté dans le plus parfait recueillement; le second sera traité en réunion-discussion où chacun sera invité à exprimer son point de vue.

Notre propos ici n'étant pas de vous aider à devenir des animateurs de réunion mais plus modestement des vendeurs, nous vous rappelons toutefois que vous devez être l'un et l'autre si vous voulez vendre mieux. Nous n'entrerons pas dans la description des différents modes d'animation des réunions, plus prosaïquement nous souhaitons vous donner quelques conseils pour exploiter au mieux lesdites réunions en tant que participant.

PREMIER CONSEIL: ÊTRE PRÉSENT MENTALEMENT

Le participant le plus volontaire et le plus convaincu peut éprouver certaines difficultés en entrant dans la danse, des soucis personnels ou professionnels continuant à solliciter son esprit lors même que les débats ont commencé. Il faudra un temps plus ou moins long pour que le groupe le phagocyte et le fasse, malgré lui, entrer dans la réflexion collective gommant d'un trait ses propres préoccupations.

Pensons également que nul ne peut avoir un degré d'attention soutenu pendant plusieurs heures. Si le niveau est sensiblement différent de l'un à l'autre participant, il ne peut en aucun cas excéder quelques dizaines de minutes.

On s'accorde généralement sur une demi-heure de concentration maximale, délai au delà duquel se produit un décrochement au niveau cérébral, celui-ci pouvant aller de quelques brèves secondes à de longues minutes.

Enfin, tout sujet qui n'entraîne pas l'adhésion d'un participant le conduit soit à se désintéresser du débat, soit à manifester une opposition plus ou moins virulente. Dans les deux cas, il n'écoute plus ce qui se dit autour de lui. S'il se prend à rêver, il ne fait plus qu'entendre ce qui devient pour lui un bruit de fond. S'il manifeste, il n'écoute plus que son propre discours.

Conscient de ces écueils et ces freins à la communication le vendeur, qui veut profiter pleinement de la réunion, doit constamment se forcer à rester dans le coup, se fustiger moralement chaque fois qu'il observe de sa part une tentative d'évasion. Il y faut beaucoup de clairvoyance et de pugnacité. Etre mentalement présent en permanence exige une grande concentration, heureusement qu'il existe pour y parvenir une solution miracle: écouter.

Deuxième conseil: écouter

Chacun sait ou ressent qu'écouter et entendre sont deux attitudes mentales fort éloignées l'une de l'autre.

Entendre est une disposition physiologique: l'oreille humaine ne comporte pas d'opercule permettant de l'obturer hermétiquement, tous les sons lui parvenant sont captés et, qui plus est, enregistrés mais de façon inconsciente. Le cerveau ne fait aucune analyse du message ainsi perçu mais agit en quelque sorte comme un magnétophone dont le rôle est exclusivement de stocker des signaux électriques sur un support magnétique.

Tout au contraire, l'écoute est une attitude intégralement active. Il n'est pour s'en convaincre que d'observer les spectateurs d'une salle de théâtre ou de concert. On repère sans peine ceux qui ne veulent perdre à aucun prix une parole de la pièce ou une note du concert par leur attitude physique significative: le corps instinctivement dans la position où il se fera complètement oublier, la tête bougeant régulièrement de façon à avoir constamment la meilleure perception possible des sons, le visage tendu, l'œil attentif ou fermé pour plus d'intériorisation. Savoir écouter, c'est aussi savoir contrôler son corps.

Rassurez-vous nous n'avons pas perdu de vue notre propos qui est l'écoute, ce détour par l'expression corporelle avait pour seul but de montrer que tout ce qui peut distraire l'attention se fait forcément au détriment de l'écoute: une crampe dans un pied, l'ankylose d'une jambe et l'on devient incapable de concentration. De même, les bruits dus à l'environnement diminuent-ils de façon importante et insidieuse la qualité de l'attention. Il est donc essentiel, lorsqu'on est en situation d'écoute, de respecter certaines règles dont nous allons énoncer maintenant les principales que nous vous laissons le soin de méditer longuement.

Les quelques règles pour bien écouter sont les suivantes:
- se rendre disponible, faire le vide par rapport à tout ce qui est sans rapport avec le débat;
- regarder intensément (l'animateur, les aides visuelles, les participants qui prennent la parole);
- être patient, attendre que chacun se soit exprimé jusqu'au bout, ne pas l'interrompre;
- prendre des notes (essentiel);
- éviter de censurer systématiquement;
- confirmer que l'on a bien compris ce qu'il fallait comprendre en reformulant, posant des questions.

TROISIÈME CONSEIL: PARTICIPER ACTIVEMENT

L'un de nos confrères ouvrait ses stages en affirmant haut et fort qu'un séminaire est comme une auberge espagnole: on y trouve ce qu'on y apporte. Au-delà de l'apparente boutade se niche une vérité profonde. Une réunion de formation est quasi inefficace si tous ne participent pleinement et l'on risque fort d'assister à un monologue de l'animateur, à une suite d'exposés dont chacun connaît les limites sur le plan pédagogique.

Dans une réunion qui touche à notre métier, nous avons tous quelque chose d'intéressant à dire. Si nous conservons tout jalousement par devers nous, c'est autant de perdu pour les autres. Rappelez-vous ce proverbe chinois: "Si je te donne un franc et que tu me donnes un franc, nous aurons toujours chacun un franc. Mais si je te donne une idée et que tu en fasses autant, nous aurons chacun deux idées au lieu d'une". Tout l'intérêt de la participation est ainsi résumé, pour recevoir, il faut aussi donner.

Participer activement c'est aussi s'impliquer totalement dans les exercices d'application qui sont proposés, même et surtout si on n'en voit pas au début l'intérêt. Les chemins de l'animateur comme ceux du Seigneur sont souvent impénétrables, votre intérêt premier est de lui laisser le bénéfice du doute et donc de lui faire confiance *a priori*. Il sera toujours temps après, dans le cas improbable où vous auriez eu l'impression d'avoir perdu de précieux instants, de lui en faire le reproche. Il y a néanmoins gros à parier que dans la majorité des cas, c'est vous qui regretterez votre scepticisme de départ.

N'ayez pas non plus d'*a priori* chaque fois que l'on vous propose des "jeux" mettant en balance votre personnalité soit intellectuellement – par l'entremise de tests –, soit physiquement – au travers de mouvements gestuels –. Les uns comme les autres paraissent avoir un côté artificiel, voire théâtral et sont donc stressants même pour un vendeur pourtant accoutumé à jouer en permanence une espèce de rôle. Ne craignez jamais dans ce cas d'être ridicule, vous ne le serez jamais: ce genre d'épreuve en situation de formation n'est jamais un jugement de valeur sur telle ou telle personne mais une opportunité de constituer un trésor d'exemples qui seront autant de thèmes de discussion concrets par la suite.

QUATRIÈME CONSEIL: PROFITER AU MAXIMUM DES PAUSES

Nous l'avons rappelé plus haut, l'esprit ne peut rester concentré indéfiniment. Il lui faut, à intervalles réguliers, interrompre son activité pour revenir en quelque sorte à un niveau de tension normal. Les pauses programmées dans toute réunion bien menée n'ont pas d'autre objectif.

Mais, il serait dommage de détourner la finalité de ces dernières: se précipiter sur le téléphone pour appeler le Siège ou un client, sortir son carnet de bons de commandes sans quitter la salle, rédiger courrier ou réclamations dès que la cloche de la "récré" a retenti, ne font pas profiter de la pause. Ce n'est pas recharger les batteries mais seulement meubler un temps considéré, bien à tort, comme mort. Les animateurs qui connaissent leur métier ont un programme pour les pauses comme ils en possèdent un pour les réunions. Bien sûr sur le plan des loisirs, rien n'est imposé, tout est simplement proposé, suggéré. Mais croyez-en notre propre expérience tant comme d'animateur que participant, il est dommage en semblable occasion de jouer les coquettes et bouder les réjouissances interclasses sous le fallacieux prétexte que, gens sérieux, on n'a que faire de participer comme des gamins à l'école à des divertissements de récréation. Un tournoi animé de pétanque ou de ping-pong fait autant pour la réussite du séminaire que les séances de travail elles-mêmes, le premier contribuant au-delà de tout ce que l'on peut imaginer à l'efficacité des secondes.

LE SUIVI DES RÉUNIONS

Si l'on peut affirmer que la vente commence lorsque le client a dit oui, on peut dire que la réunion de formation voit ses effets dès que l'on a tourné la clé de contact de la voiture pour quitter le lieu où celle-ci se déroulait. Aussi intensément a-t-on participé: aussi concrets ont pu être les exercices d'application, tout s'est déroulé d'une certaine manière dans une sorte de laboratoire d'essais. Il reste désormais à passer à l'épreuve du feu.

En premier lieu, il convient de transformer toute cette moisson d'idées en décisions d'actions; nous entendons par là se fixer ce que l'on va faire concrètement, comment et dans quels délais maximaux on va le réaliser. Au diable les vœux pieux du genre "dès que j'aurai un moment, je ferai" ou "compte tenu de tout ce qu'on a dit au stage il faudra que...". Les vœux seulement pieux ne se réalisent jamais et demeurent dans les limbes de la plus pure spéculation intellectuelle.

Pour notre part, nous ne manquons jamais de terminer nos réunions de formation par une réflexion où chaque participant répond pour lui-même et par écrit, réflexion formulée par cette question: "quelles idées, quelles méthodes étudiées avec le groupe, vais-je mettre en application et ce pour quelle date limite?". Il ne s'agit en aucune façon d'un engagement officiel mais seulement d'une option morale que chacun prend vis-à-vis de lui-même, libre à lui de ne pas la respecter.

C'est en quelque sorte une manière de calendrier que se fixe chaque participant pour lui-même, une mauvaise conscience qui le rappellera à l'ordre en permanence et l'incitera à ne jamais relâcher son effort pour être toujours plus performant. Il n'est d'ailleurs pas interdit de noter, avec le chef de vente, toutes ces bonnes décisions sur le programme de formation personnelle. Le responsable en en devenant le gardien augmente ainsi les chances de voir les souhaits devenir réalités.

Une autre manière de rester dans l'ambiance studieuse du stage est celle de lire attentivement et sans retard le compte rendu qui en est généralement fait par le responsable ou l'animateur. Quand nous disons attentivement, cela signifie le crayon à la main afin d'y adjoindre toutes remarques ou idées suggérées par le texte lui-même et d'y reporter une partie des notes prises au fil des séances. On peut aussi utiliser le surligneur pour faire ressortir les passages semblant particulièrement importants. Lire un document est comme écouter: cela doit se faire de manière active et approfondie. Tout ce qui peut nous mettre à l'abri de la dispersion intellectuelle doit être employé, le stylo est l'un de ces moyens et non le moindre.

Nous avons gardé pour la bonne bouche les séances de rappel. On ne peut raisonnablement organiser un séminaire tous les quinze jours car, de toute façon, il faut un certain temps pour que les changements de comportement amorcés à l'occasion du séminaire deviennent habitudes, que les méthodes étudiées ensemble soient totalement intégrées, que les idées nouvelles émises se concrétisent. Il faut donc s'accorder un certain délai entre deux séances de travail approfondi.

Il n'est toutefois pas inutile, loin s'en faut, de faire le point entre deux raouts pour constater ce qui est devenu effectif, cerner les difficultés rencontrées et y apporter remède, rectifier le tir lorsqu'il se produit erreurs ou déviationnisme. Certes, tout cela se fait en partie lors des sorties terrain avec le responsable mais aussi individuellement et, par làmême, se dilue beaucoup dans le temps. Une ou deux brèves réunions bilan entre deux séminaires permettent de pallier cet inconvénient. Elles créent une saine émulation, chacun ayant à cœur de pouvoir présenter un bilan positif de ses efforts d'amélioration depuis la dernière réunion. La réunion est un vecteur des plus stimulants sur tous les plans et tout particulièrement celui du perfectionnement. Si l'on est bien entendu assez sage pour en user, il ne faut jamais en abuser, la réunionite étant au contraire très démobilisatrice des énergies.

Chapitre 6
Vendre mieux, c'est savoir communiquer

COMMUNIQUER, C'EST FAIRE PASSER UN MESSAGE

Ce chapitre constitue, avouons-le, une évidence. Vendre c'est faire passer un message chacun en est bien convaincu, la preuve en est qu'on parle de moins en moins de techniques de vente mais de plus en plus de communication. Il suffit de lire les offres d'emplois commerciaux pour s'en apercevoir. Alors, vous demandez-vous pourquoi aborder ce thème et enfoncer une porte ouverte?

Il y a une première excellente raison que nous résumerons par l'adage célèbre: "Tout ce qui va sans dire, va encore mieux en le disant". L'apparence est souvent trompeuse, elle constitue fréquemment un leurre, l'arbre qui cache la forêt. Au vu des résultats de nombreux vendeurs, on est tenté de se dire qu'ils maîtrisent forcément bien la communication. Comment, sans cela, pourraient-ils être aussi performants? Malheureusement, lorsqu'on gratte un peu et qu'on observe ce qui se passe sous le vernis, on s'aperçoit que ces brillants résultats s'expliquent par de tout autres raisons que le pouvoir de conviction. Ils tiennent plus, par exemple, aux capacités gastronomiques du vendeur qu'à la qualité de son discours, ou à sa grande générosité sur le plan des avantages consentis, qu'ils soient sous forme de remises financières ou bien de cadeaux en nature. Il était une seconde bonne raison d'ouvrir ce chapitre, il fallait être complet dans le panorama de ce qu'il faut faire pour vendre mieux, souhaitant vous donner une vue générale de tout ce qui fait qu'un vendeur peut être plus performant qu'un autre. Il était donc souhaitable de citer tous les aspects de la fonction, quitte à seulement effleurer certains d'entre eux, comme la communication, claire en soi.

Communiquer, au plan commercial, c'est d'abord maîtriser les phénomènes... de la communication en général.

"Ce qui se conçoit bien s'énonce clairement..." Le processus n'est en fait pas aussi spontané, ni aussi simple. Il existe nombre de freins à la communication qui tiennent autant à la personnalité de l'émetteur et du ou des récepteurs qu'aux canaux par lesquels est véhiculé le message et qu'à l'environnement dans lequel s'établit la communication. Rien n'est évident en ce domaine, ce qui justifiera que nous n'entrons pas ici dans le détail, nous bornant à évoquer rapidement et schématiquement les points-clés conditionnant la communication "qui passe".

Concernant l'émetteur, il doit avoir une idée nette des concepts, objet de son message. Le moins que l'on puisse faire lorsqu'on veut communiquer, est d'abord savoir ce que l'on veut faire entendre et tourner sa langue sept fois dans sa bouche avant de parler prend ici toute sa signification. Ceci peut sembler aller de soi mais, par expérience, nous savons qu'il n'en va pas toujours ainsi. Combien de fois nous surprenons-nous personnellement ou surprenons-nous les autres en flagrant délit de non-réflexion préalable.

Il semble non moins évident que, théoriquement, l'émetteur doit être compétent sur le sujet abordé. Cette compétence revêt deux aspects: la compétence générale de l'émetteur dans le domaine spécifique dans lequel s'inscrit le thème en cause, et la compétence sur ce dernier en particulier. Prenons un exemple: quelqu'un désirant traiter de l'influence de tel syndicat dans le développement d'un conflit tout à fait localisé se doit d'être compétent en matière de syndicalisme de façon exhaustive s'il veut, à la fois bien cadrer son discours, le situer dans un contexte large et réaliste, et être en mesure de faire face à toutes questions ou demandes de développement de la part du récepteur. Mais il doit aussi être informé de tout ce qui concerne le conflit bien précis dont il souhaite entretenir son interlocuteur ou son auditoire, ainsi doit-il être pointu au plan de son intervention et prêt à toute éventualité si quelqu'un n'est pas d'accord ou sollicite des explications complémentaires.

Nous citerons aussi pour mémoire la nécessité de maîtriser parfaitement le verbe et la syntaxe. Ce qui rend si difficile l'apprentissage de la langue française est qu'un mot a, dans la plupart des cas, plusieurs significations et qu'en outre, le même mot placé dans un contexte différent change complètement de sens. Il faut donc à l'émetteur efficient une grande richesse de vocabulaire et un sens aigu de la "rédaction".

Enfin, tout émetteur d'un message doit penser qu'il ne s'exprime pas pour lui-même mais pour convaincre ou informer un tiers. Or ce dernier possède sa propre personnalité, ses critères personnels, ses opinions. Ses connaissances relatives au thème du message ne sont pas obligatoirement les mêmes que celles de l'émetteur, non plus que sa culture linguistique. Méfions-nous du langage ésotérique utilisé avec des gens dont tout laisse à penser qu'ils ne sont pas des initiés; la communication, dans ce cas, ne passera forcément pas.

Sautons allègrement à l'autre bout de la chaîne et posons-nous quelques questions sur le récepteur qui, quoiqu'on puisse en penser, n'a pas un rôle passif. Il lui faut d'abord savoir écouter et regarder, ce qui constitue une attitude on ne peut plus dynamique. Il lui faut également décrypter le message, l'analyser, l'amalgamer à sa propre perception du sujet, opération directement complémentaire de l'écoute mais qui, plus encore que cette dernière, exclut toute possibilité de passivité. L'esprit humain n'est pas une pellicule photographique qui se laisse impressionner mais bien au contraire, c'est un véritable centre de traitement de l'information.

Qui dit traitement de l'information entend perception et enregistrement des messages tant verbaux que non verbaux, sonores et visuels, formels et explicites. Cette opération, nous le disions plus haut, n'est pas innocente et implique une attitude volontariste; tout manquement dans la notation du message sous tous ses aspects et avec tous les détails entraînent mathématiquement des diffractions au plan de l'analyse de l'information, puis de son exploitation. Avoir les antennes largement déployées et leur potentiel de réception réglé au maximum de puissance doit être la première préoccupation de tout récepteur soucieux de ne rien perdre de ce qui se passe autour de lui.

Mais recevoir n'est que peu d'intérêt si l'on n'a pas ensuite l'intention de donner à son tour. Pour ce faire, il est indispensable d'avoir très soigneusement disséqué le message capté. Que contenait celui-ci formellement parlant? Quel est son contenu officiel? Que peut-on deviner derrière lui, quelles sont les notions sous-jacentes non exprimées mais qu'il sous-entend? Le non-dit implicite est parfois aussi important que le verbe exprimé. L'art du récepteur est d'entendre l'un en écoutant l'autre et il s'agit bien en fait pour lui de se mettre à la place de l'interlocuteur, de s'assurer qu'il est en phase avec lui.

Nous serions incomplets si, parlant du récepteur, nous ne

faisions allusion au feed-back, traduit habituellement par message en retour. Celui-ci peut être verbal, clairement exprimé par un discours oral ou écrit ou non verbal, gestuel. Il s'agit de confirmer à l'émetteur que le message est bien parvenu cinq sur cinq. Cela n'a bien entendu aucun rapport avec le fond dont le récepteur peut penser ce qu'il veut et même n'être pas d'accord avec; il lui appartiendra, s'il le souhaite, d'exprimer son propre point de vue mais d'abord, il se doit de prouver que le discours de l'autre lui est parvenu fort et clair car dès lors, le dialogue peut se dérouler dans la plus parfaite objectivité.

Nous serons relativement brefs sur le message lui-même, non qu'il ne mérite de faire l'objet d'un large développement. Il représente la clé de voûte de la communication et de sa validité dépend totalement le passage ou non de celle-ci. Que le message soit incompréhensible pour le récepteur, soit parce que celui-ci est incompétent sur le sujet, soit parce que le verbe ne lui est pas familier, et c'est le dialogue de sourds. On ne communique pas pour se faire plaisir – au moins sur le plan professionnel – mais bien pour être entendu de l'autre. Que l'on veuille simplement l'informer ou au contraire le convaincre, on doit toujours se mettre à sa place pour cerner ce qu'il connaît du sujet, s'il est en mesure de l'appréhender et avec quel langage.

Tout ceci implique que l'on doit s'attacher à tous les aspects du message lors de son élaboration. Au fond il convient d'avoir des idées claires et complètes, quitte à faire une recherche documentaire préalable; l'à-peu-près est incompatible avec une communication efficace. Pour être compris, il faut être soi-même compétent. Cela paraît ici une évidence mais si l'on y prend garde, on s'aperçoit très vite que beaucoup de discours sont vides de tout contenu et nombre de gens parlent abondamment de choses qu'ils ne connaissent pas ou insuffisamment. Allez vous étonner après qu'autant de réunions ne soient que d'aimables conversations de salon qui, par définition, n'apportent rien à personne.

La forme a bien entendu une importance aussi capitale. Elle doit s'adapter au cas particulier de ceux à qui s'adresse le message: on ne tiendra pas le même langage avec des visiteurs médicaux et avec des agents de maîtrise d'une compagnie d'assurances, leur cadre de référence n'étant pas le même (professionnellement parlant s'entend), leur vocabulaire non plus. Il convient à chaque fois de choisir le langage strictement adapté au récepteur, faute de quoi la communication ne peut réellement s'établir. On s'entend, au sens acoustique du terme, mais on ne se comprend pas.

A noter également que le message peut revêtir des formes très diverses. Ce peut être une représentation graphique – image ou dessin –, une illustration sonore ou un discours. Le choix du support est autant fonction du contenu que du destinataire. Certaines informations gagnent en efficacité en étant présentées sous forme purement visuelle, d'autres au contraire requièrent impérativement une explication verbale ou écrite. Tout en l'espèce est question d'acclimatation, la communication est un art subtil réclamant au coup par coup une adaptation fine à l'interlocuteur.

De même, les canaux que l'on choisit pour le message doivent-ils l'être judicieusement. En telle circonstance on téléphonera, en telle autre on sollicitera un rendez-vous. Dans un autre cas encore on préférera des entretiens individuels ou, au contraire, une réunion de tous les intéressés concernés par le problème posé. Chaque information requiert, pour être perçue, son canal spécifique et il appartient à l'émetteur de sélectionner celui-ci avec la plus grande circonspection.

COMMUNIQUER AU PLAN COMMERCIAL, C'EST AUSSI MAITRISER LES TECHNIQUES DE VENTE

L'entretien de vente n'échappe pas aux règles fondamentales de la communication évoquées plus haut. Il possède néanmoins certaines spécificités qui tiennent à son objectif essentiel, pour ne pas dire unique: convaincre. Aucune information n'est délivrée par le vendeur gratuitement, elle a toujours une arrière-pensée que certains n'hésitent pas à qualifier de mercantile. De fait, le but du vendeur est d'être chez chacun de ses clients le fournisseur privilégié. C'est la stratégie de communication permettant d'obtenir ce résultat peu évident que nous allons évoquer maintenant.

L'entretien de vente passe obligatoirement par cinq étapes dont le vendeur n'a le droit d'occulter aucune.

LA PRISE DE CONTACT, LES PREMIERS INSTANTS DE L'ENTRETIEN

Il s'agit là pour le vendeur de faire accepter, mieux même, souhaiter l'entretien par l'interlocuteur. Aux premières paroles du vendeur, le client doit se dire "Tiens, cela semble intéressant. Voyons ce qu'il compte me proposer", et jamais objecter immédiatement "Je n'ai besoin de rien" ou, s'il s'agit d'un prospect "J'ai déjà mes fournisseurs".

Les premiers mots prononcés par le vendeur doivent donner le ton. Comme il a une proposition constructive à faire, il crée d'entrée son image de marque, celle de quelqu'un dont le temps est précieux et qui respecte l'emploi du temps de son interlocuteur en ne lui faisant pas perdre de précieuses minutes en vain. Pensez-y toujours, notamment lorsque vous rendez visite à un client de longue date chez qui la tentation est toujours forte de se relâcher.

143

LA DÉCOUVERTE DES BESOINS

Toute visite à un client a un objectif précis: on n'entre pas chez ce dernier parce qu'on a vu de la lumière mais bien parce qu'on a une raison concrète de le faire. Cela suppose la connaissance parfaite des besoins qui induiront autant d'objectifs et de sous-objectifs pour les différentes visites. Cela sous-entend aussi que l'on soit en permanence à l'affût, à la recherche de toutes modifications dans les projets, donc dans les attentes de chacun de nos clients.

Deux brèves remarques s'imposent quand même: ce qui est vrai pour l'acheteur connu l'est bien évidemment encore plus pour le prospect que, par définition, on ne connaît pas (si ce n'est au travers des renseignements recueillis de-ci, de-là). Chez ce dernier, tout ou presque est à faire au plan de la découverte, cette phase prenant là une acuité toute particulière qu'aucun vendeur qui veut vendre mieux n'aura intérêt à bâcler, encore moins à négliger.

Autre remarque non moins négligeable, ce qui est vrai pour la découverte des besoins l'est aussi pour la personnalité, les deux notions étant étroitement liées. Malgré le précieux secours de la morphopsychologie, la connaissance fine d'autrui demande bien souvent des mois, voire des années. Si le tempérament influence au premier chef les motivations, l'historique et les expériences heureuses ou malheureuses peuvent infléchir les premières dans un sens ou dans l'autre, positivement ou négativement.

L'ARGUMENTATION

Cette notion a été suffisamment développée dans un précédent chapitre pour qu'il soit superfétatoire d'y revenir longuement ici. Nous dirons seulement que le succès de l'entretien de vente se joue ici, dans la majorité des cas. Le vendeur doit choisir le bon moment pour commencer à argumenter, attendre d'avoir en main toutes les cartes maîtresses que lui aura fournies la découverte. Trop tôt, il risque de faire fausse route, trop tard le client aura psychologiquement changé de sujet de préoccupation.

LA RÉPONSE AUX OBJECTIONS

Dans la réalité des choses, cette phase s'imbrique généralement avec la précédente. Il est bien exceptionnel que l'interlocuteur attende "sagement" que le vendeur ait fini d'argumenter pour lui faire part de ses hésitations ou de ses points de désaccord. Il formule ses objections au fur et à mesure qu'elles lui viennent à l'esprit, tout en écoutant le discours de l'émetteur.

L'éternelle question qui se pose en l'occurrence – et à laquelle personne n'apporte la même réponse – est de savoir s'il convient de "contrer" l'objection immédiatement ou si, au contraire, il est souhaitable d'observer un certain recul. Pour notre part, nous dirons (paraphrasant Fernand Raynaud) que cela dépend de l'objection elle-même – objection vraie ou fausse-barbe – et de l'interlocuteur. S'il est un moment de l'entretien où l'adaptabilité du vendeur doit jouer à plein, c'est bien celui où l'objection s'exprime, toute erreur de tactique pouvant être fatale à la suite de l'entretien.

LA CONCLUSION

C'est l'instant le plus redouté – consciemment ou inconsciemment – par beaucoup de vendeurs à tel point qu'ils en reculent le plus possible l'échéance, revenant sur certains points de détail, commentant une documentation..., lorsqu'ils ne changent pas carrément de sujet. Or, il y a un moment précis pour conclure qu'il faut détecter sans coup férir. Trop tôt, le client fait machine arrière, trop tard il n'écoute plus. Il est pourtant des signes qui ne trompent pas et que l'on nomme communément les feux verts de la vente. Tout l'art du bon vendeur est de les voir chaque fois et les exploiter sans tarder.

Pour ce faire, il existe un certain nombre de techniques éprouvées de la plus simple – la proposition directe du genre "je vous en note quelle quantité" – aux plus sophistiquées comme le bilan des accords partiels ou la reformulation. La seule chose que nous dirons ici est que, toujours, l'initiative de conclure revient au vendeur. C'est lui qui doit provoquer la prise de décision au moment où il l'aura décidé. Il est essentiel pour le vendeur qui veut vendre mieux d'avoir constamment cet axiome à l'esprit.

Nous extrapolerons sans hésiter cette dernière affirmation à l'ensemble de l'entretien de vente. A tout moment le vendeur doit rester maître du jeu. Sur le fond, lui seul peut et doit diriger les débats, même si dans la forme il fait apparaître une grande souplesse, une main de fer dans un gant de velours, en somme. A perdre de vue cette élémentaire règle d'or, beaucoup de vendeurs, surtout s'ils sont débutants, se laissent manœuvrer par leurs clients avec comme résultat, ou bien l'octroi de conditions exorbitantes, ou bien une pure et simple fin de non-recevoir. Dans le premier cas, on a compromis gravement la rentabilité de l'opération et dans le second, on a perdu purement et simplement son temps. Le vendeur qui veut vendre mieux ne peut accepter ni l'un ni l'autre.

En guise de conclusion

Vendre est à la portée de n'importe quel individu normalement constitué sur le plan mental. Vendre mieux, en revanche, suppose, outre des aptitudes vérifiées et un goût certain pour la communication, une grande adaptabilité aux circonstances, une totale mobilité au plan géographique et à celui de l'emploi du temps autant qu'une extrême rigueur quant à l'exécution des différentes démarches et tâches administratives. Si l'on ajoute que le vendeur compétent doit être en permanence en quête de tout ce qui peut contribuer à sa progression personnelle, alors on peut dire que vendre mieux n'est pas à la portée du premier venu.

Cet ouvrage vous est destiné à vous futur vendeur ou vous vendeur chevronné vous interrogeant encore sur votre compétence. Dans le premier cas de figure, si vous ne vous sentez pas prêt à faire face, mieux vaut dès maintenant renoncer. Dans le second cas, si vos résultats ne sont pas à la hauteur de vos espérances, il vous faut soit "démissionner", soit entrer en religion sur le plan du perfectionnement.

La vente, surtout celle des années 1992 et suivantes, n'est pas une affaire d'amateurs. Il y faut et y faudra de plus en plus de cœur et de compétence. Du cœur car il sera nécessaire de s'investir de plus en plus – ce qui, si l'on observe ce qui se passe autour de nous, est de moins en moins évident, chacun souhaitant tout avoir sans rien "payer" – et de la compétence, car il est de moins en moins question de réaliser des affaires à coup de remises ou de repas gastronomiques. La vente de papa est morte, l'ère de l'après-vente est arrivée. Nous espérons vous en avoir très largement convaincu tout au long de cet ouvrage. Par ce dernier, nous avons voulu particulièrement vous sensibiliser aux aspects de la fonction commerciale que nous considérons, pour notre part, essentiels. Si nous y avons réussi, vous continuerez votre quête du Graal vous engageant résolument dans la voie de la formation si vous êtes débutant, ou celle du perfectionnement si vous êtes déjà aguerri et ce, quelle que soit la forme que vous lui donnerez: individuelle ou collective, livresque ou audiovisuelle. L'essentiel, lorsqu'on veut vendre mieux est de rester en permanence sur la brèche.

Table des matières

*Achevé d'imprimer
en février 1989
à Milan, Italie, sur les presses
de Grafiche Milani*

*Dépôt légal: février 1989
Numéro d'éditeur: 2050*